「知恵」と「勇気」と「癒し」がいっぱい

人生を豊かにする
英語の名言

英国勅許会計士／ベルギー王国公認税理士
森山 進 著

研究社

For Emma

はじめに

私の住むヨーロッパでは、人々は自分の心の叫び声を聞くと、聖書や古今東西の偉人の名言集をひそかに音読する人が多い。

「はじめにコトバありき。コトバは神と共にありき。コトバは神なり」と聖書にもあるように、古《いにしえ》より彼らは言葉という存在をとても大切にしてきた。言葉に対する畏怖の念を忘れない。それは偉人たちとの一対一の対話と言ってもいいだろう。叡智のつまった偉人たちのコトバが疲れきった心を癒し、前向きに生きていくための意欲を奮い起こすのだ。きっと長い歴史のなかで培ってきた民衆の知恵なのであろう。

以上を念頭に本書を執筆したが、対象読者としては以下の方々を想定している。

・様々な場面でスピーチを行なう必要のある企業の管理職の方。
・「コトバの力」を熟知した偉人たちの名言を音読することにより、洗練された英語をモノにしたい方。
・大脳生理学上も有効とされる英語の「音読」により、疲れきった心と脳を癒したい方。

・自己変革をして転機をつかみたい方、前向きな人生をおくりたい方。
・面接で一目置かれるような気の利いたせりふを面接官にぶつけてみたい方。
・いまひとつ手ごたえのない日常を打ち破り、上を向いて一歩踏み出したい方。

なお、収録した名言は古今東西の偉人による約五千の名言のなかから三年間にわたって厳選してきたものである。読者が実際にスピーチなどで使う際に、応用しやすいように私の解釈例を付したが、むろん解釈は人それぞれ違う。最終的な解釈は読者の方々に委ねたい。

最後に、執筆に際し、研究社の吉田尚志氏には大変お世話になった。厚くお礼申し上げたい。また、欧州トヨタ自動車社長兼CEOの豊田周平氏からは過分のお言葉を頂戴した。これらの方々をはじめとする、お世話になった方々全員に、心からお礼を申し上げたい。

二〇〇三年　初夏

森山　進

「欧州の首都」ブリュッセルにて

目次

第1章

人生・運命・夢・幸福

Life, Destiny, Dream, Happiness

It is never too late to become what you might have been.

George Eliot

なりたかった自分になるのに、
遅すぎるということはない。

ジョージ・エリオット
英国の女流小説家［1819-80］

なぜ自分はここにいるのだろうか？　なぜ自分は今の仕事をしているのだろうか？　慌しく過ぎていく毎日。そんなことを考えている余裕などないかもしれない。

だが、あえて立ち止まって考えてみる価値はある。本当に今いるところが「自分がいるべき場所」なのだろうか？　もしかすると、どこか他の場所に自分の居場所があるのではないだろうか？　そんな風に考えてみるだけでも、長い間忘れていた「夢」を見られそうな気分になってくる。もちろん「なりたかった自分」というのは曖昧な概念かもしれない。幼い時に深く考えもせずに、思い描いた浅はかな夢物語かもしれない。

それでもいいのだ。とにかく、立ち止まって自分と対話してみる。自問自答してみる。そんな問いかけにこそ意味がある。自己変革のヒントは案外身近に転がっているものである。

当たり前のことだが、人生は自分のものだ。そして一度しか演じることはできない。だとすれば「遅すぎる」などということはあるのだろうか？　他人と比較する必要などあるのだろうか？　必要なのは自分がどうしたいのか？　その答えをみつけるだけでいい。「できない理由」を探す必要はない。そんなことをしているうちに人生は終わってしまう。

大切なのは「できる理由」から探し始めてみること。それが人生の「潤滑油」になる。今ひとつ手ごたえのない日常を打ち破るためにも、ときにはこんな風に「オイル点検」をしてみる価値はあるのではないだろうか。

Control your destiny, or someone else will.

Jack Welch

自分の運命は自分で
コントロールすべきだ。
さもないと、誰かに
コントロールされてしまう。

ジャック・ウェルチ
元GE会長

こ数年のＮＨＫの紅白において、ずば抜けた歌唱力でその他大勢を圧倒している若手歌手がいる。平井堅だ。彼は子供の頃、テレビでプロの歌手の歌を聞いていて「俺のほうが上手い」と確信していたそうだが、きっと最初から自分の「命《めい》」を知っていたのだろう。

そんな彼でさえ、鳴かず飛ばずの不遇の時期が長く続いた。きっと何度も自己嫌悪に陥ったことだろう。ぶざまに見える自分の置かれた状況を呪ったこともあっただろう。

しかし、彼は自分の「命」を知りぬいていた。好きな音楽を続けられる人生を楽しみつつ、自分をただひたすら信じ続けた。「あきらめて別の道を歩けば」という周囲の意見には決して流されずに。

確実に売れる保証などなかったのだから、リスキーな選択だったともいえよう。だが、そうした「運」と「命」に対する積極的な姿勢があったからこそ、今の彼があるのだろう。

サルトルは言った。「人間の運命は人間の手中にある」と。まさに「自分の命を知り、運を活かせ。運と命に背いて生きれば、追従者にしかなれない」ということだろう。運と命をあわせて「運命」。この視点からキャリアにせよ、人生にせよ、積極的に切り開いていけば、他人や会社などにあなたの運命をコントロールされることは決してないだろう。

「大きな古時計」というアメリカの童謡を、見事に歌いきる平井堅をブラウン管の向こうに眺めながら、ふとそんな感慨にとらわれた。

A sailor without a destination cannot hope for a favourable wind.

Leon Tec

目的地を決めていない船乗りは、
追い風をつかむことができない。

レオン・テック

ヨットはまっすぐ進むことができない。

もちろん追い風のときは風と共に斜めに直進することはできるが、原則として、方向転換を繰り返しながらジグザグ進まなければ目的地に到達することはできない。

人生もヨットに似ている。まっすぐ進んでいるときはいい。順風満帆、すべて良し。だが、方向転換をすべきときに、進路を変えなければ目的地から離れていってしまう。場合によっては、風に支配され、障害物に激突することもあるだろう。

もっとも、「目的地」については、私はこの作者とは違う捉え方をしている。もちろん、目的地が決まっていたほうがいい。しかし、たとえ目的地が定まっていなくても、それはそれでいいのではないか。強い追い風に身をまかせて流されていけばいい。向い風なら、とにかく風上に向かってジグザグ進んでいけばいい。そうやって試行錯誤を繰り返して進んでいるうちに、目的地というものは、案外見えてくるのではないだろうか。

目的地がわからなくても気にする必要はない。最初から目的地が明確に分かる人のほうが少ないのだ。大切なことは「止まらないこと」である。止まっているヨットが転覆しやすいように、人生も止まっているときのほうが、トラブルに巻き込まれやすい。

迷ったら進め……これが人生という名のヨット操縦の秘訣なのではないだろうか。

The purpose of life is to live a life of purpose.

anonymous

人生の目的は、
目的ある人生を生きることである。

作者不明

あまり知られていないが、日本ほど本が流通している国は世界でも珍しい。巨大書店が乱立し、店内はいつもたくさんの客でごった返している。

売れている本のタイトルには似たようなものが多いが、たいてい次の三つに何かしら関係しているものが多い。健康、恋愛と結婚（家庭）、出世（金儲け）。

そのせいか、それが人生の目的だと錯覚を起こしている人も少なからずいるようだ。

「人生の目的」という言葉は一見すると簡単なようだが、あなたは自信をもって答えることができるだろうか？　この問いのヒントとして、次の三つを考えてみたい。

①一度きりの人生
②人それぞれ違う幸せの定義
③人間はいずれ死ぬ動物

人生の目的……誰でも人生のある時点で、一度は自問自答するテーマだ。答えはもちろん一人ひとり違う。しかも、一つとは限らない。歳を重ねるにつれて、答えが変わってくることもあるだろう。

そうやって答えを探し続けること……もしかすると、それが「目的ある人生」なのではなかろうか。問い続けることは簡単ではない。問い続けるためには、考え続けなければならない。考え続けるためには、行動に移さなければならない。粘り強く、試行錯誤を繰り返す必要がある。

最初から「人生の目的」を知っている人はごくわずかだ。大上段に構えずに、まずは問い続けてみる……それだけでも「目的ある人生」と言えるのではないだろうか。

Be a first rate version of yourself, not a second rate version of someone else.

Judy Garland

ほかの誰かではなく、
自分自身の最高を目指すべきだ。

ジュディー・ガーランド
米国の映画女優 [1922-69]

試しに人生をポーカーに喩《たと》えてみよう。

日本では最近、自分がワンペアしか持っていないとき、他人はロイヤル・ストレート・フラッシュをもっていると思い込んで不要な嫉妬をしたり、極度に悲観的になる人が増えているそうだ。そういう人に限って、表面では「自分なんか」と内面とはまったく違う謙虚な自分を演じているから厄介である。

実際、日本では物事が上手くいかなかったとき、運や運命のせいにする人が多い。

「失敗は自分の責任」という原因自分説で己を律する日本人が多かった高度成長期の日本とは明らかに変化してきている。

確かに、原因他人説や原因運命説で失敗や不満足な現状を自己正当化することはラクだ。

しかし、誰にだって自分の力ではどうすることもできないことがある。配られるカードに自分の希望を反映させることはできないのだ。

できることは、配られたカードの力を最大限引き出す努力である。案外、相手はワンペアさえ持っていないかもしれない。否、そもそも他人を意識することさえ無意味なのだ。

人生がポーカーと違うのは、目的にある。相手を負かして勝つことではなく、自分に打ち勝つことだ。「持ち札を見た瞬間に『ワンペアしかない』と考えるか、それとも『ワンペアもあるぞ』と考えるか……そこで自分との勝負の50パーセントは大方決まってしまうのではないだろうか。

Life consists not in holding good cards but in playing those you hold well.

anonymous

人生は良いカードを持つことではない。
持ち札のなかで最高のプレーをすること、
それが人生の醍醐味である。

作者不明

確かに、自分に配られるカードに、自分の望みを反映させることはできない。

だが、少しでも良いカードが配られるようにはできないのだろうか？

本当に運だけなのだろうか？

私にはどうしても、運だけですべてが説明できるとは到底思えない。

もちろん、私は運命論者でもなければ、原因運命説の支持者でもない。だが、運命という言葉は好きだ。

なぜ好きかというと、運命という文字が分解できるからだ。運と命。どうやら片割れの「命《めい》」というのは、相方に大きな影響力を持っていそうだ。

それでは、この「命」とはいったい何者なのだろう。

「命」とは人が持って生まれる独自の適性、特性、強みのこと。その力を使っている限り、自然体でいられる。楽しくて仕方がない。働いても働いても疲れない。とても上手くできるので、ストレスも溜らず面白くて仕方がない。幸せな気分になれる。

問題は、それが何なのか自分ではなかなか見えない点にある。このため、進むべき道を誤るリスクを誰もが抱えている。また、たとえ自分の「命」がわかったとしても、人は世間体だとか周囲の意見に左右されがちである。

自分の力を見つめるべきときに、周囲を意識して集中を乱してしまう。その結果、自分の「命」に背いた生き方をする人がいるとすれば、本当に残念でならない。

The sweaty players in the game of life always have more fun than the supercilious spectators.

William Feather

いつだって、汗水たらして
人生のゲームに参加している人のほうが、
ふんぞり返って座っている傍観者よりも
楽しんでいるものである。

ウイリアム・フェザー

自分の「命《めい》」を最初から知っている人はごくわずかしかいない。多くの人は「命」の存在にさえ気づかずにそれなりに幸せな人生をまっとうする。だが、一つだけ自信をもって言えることは、「命」を知った人の人生は、そうでない人の人生よりも何倍も刺激に満ち溢れていることだ。退屈しない。生きる喜びをより強く感じることができる。

それではどうやって「命」をみつければいいのか？

たゆまぬ自助努力と試行錯誤、そして自由な発想で挑戦し続ける攻めの姿勢が必要である。大切なことは、あなた自身が決定者、選択者であることを忘れないことだ。例えば、皆がポーカーをやっているからといって、自分もポーカーをやる必要はどこにあるのだろうか？　もしかすると、麻雀のほうが向いているかもしれない。否、そもそもギャンブルには向いていないかもしれない。人と違うことをやるのは、格好の悪いことではない。むしろ他人に合わせて、本当は退屈で死にそうな自分を殺して生きることのほうが、ぶざまなのだ。それはゲームに参加しないで、しけた面《つら》の傍観者を演じるようなものだ。本当はあなた自身の人生のためのゲームにもかかわらず。

すました顔の傍観者も、脇役もあなたが演じるべき役柄ではない。人生のゲームの主役は自分なのだ。そのなかで汗水たらして真剣に走り、泥だらけになってもがき苦しむ。それは傍目には格好の良いものではないかもしれない。だが、それでいいのだ。自分に向いている役を積極的に探し求めること……それがあなたがいちばん輝いていられる人生ではないだろうか。

In three words I can sum up everything I've learned about life: it goes on.

Robert Frost

人生で学んだすべてを
私は３語にまとめられる。
それは「何があっても人生には続きがある」
(it goes on) ということだ。

ロバート・フロスト
米国の詩人 [1874-1963]

石

橋を叩いていると、何となく安心する。コツ、コツ、コツ。

だから、多くの人は石橋を叩き続ける。なかなか橋を渡らない。

石橋を叩くのはいい。だが、叩きすぎると、渡り終える前に橋を壊してしまうことがある。一緒に自分も川のなかに落ちて、溺れてしまうのだ。

石橋を叩くのはいい。だが、考えてもどうしょうもないとき、答えが見つからないとき、試しに叩くのをやめてみよう。叩かずに渡ってみる。とにかく前に一歩進んでみる。

そして、落ち着いたら、また叩いてみればいい。コツ、コツ、コツ。

考えても、考えても、考えても、答えが見つからないとき。がんじがらめになったとき。

口にしてみる。「まあ、いいか」。口に出してみる。「まあ、いいか」。何度か続けているうちに、楽になってくる。吹っ切れていく。

考えたって仕方がない。無理をしない。自分を責めない。追いつめない。何とかなる。

大切なのは、とにかく一歩踏み出して進んでみること。考えるのは、それからでも十分間に合う。

「まあ、いいか」……どんなにつらい状況にあっても、前向きな自分を橋の向こうに見つけることができる魔法の言葉だ。

The cure for boredom is curiosity. There is no cure for curiosity.

Dorothy Parker

退屈の治療には好奇心が必要だ。
ちなみに、好奇心を治す薬はない。

ドロシー・パーカー
米国のユダヤ人作家 [1893-1967]

発

想に詰まったとき、日常に退屈を感じたとき、意識して五感を刺激してみるといい。

日常生活から自分を解放して、自然と戯れたり、美味しい食事を作ったり、愛する人と時間を過ごしてみたり。それは、人間の自然な姿であり、確実に本能的欲求を満たしてくれる。そして、満たされた心は人間に生きる活力を与えてくれる。好奇心をチクチク刺激しながら。

今ひとつ手ごたえのない日常に疑問を感じたり、何かに行き詰まったら、一人旅に出てみるのもいい。旅に出ることは自分を見つめ直すよい機会だ。客観視できる。そして、必ず発見がある。もしかすると、孤独を感じるかもしれない。しかし、人は本来「孤独な生き物」である。そんな現実にも気づくだろう。忘れていた人のやさしさにも触れられるかもしれない。自然の偉大さの前で、ちっぽけな自分に気づくかもしれない。外国なら、言葉が通じなくて途方に暮れるかもしれない。だが、喉が渇けば、腹が減れば、人間は底知れぬ力を発揮する。そんななかでこそ、案外忘れていた、あるいは自分が知らなかった「自分」を発見するものではないだろうか。

人間は「ホモ・ルーデンス（遊ぶ存在）」と言った哲学者がいた。遊び心が人間形成や個性作りに大きな影響を与える点に注目したのであろう。本能的欲求に従うことは、自然の摂理に適《かな》った行為である。人工的な日常のなかで、なんともいいがたいやりきれなさを感じたら、思いきって人間の自然な姿に戻ってみるといい。

「遊び」は近道だ。あなたを確実に問題解決に近づけてくれるだろう。

I can think of nothing less pleasurable than a life devoted to pleasure.

John D. Rockefeller, Jr.

快楽におぼれる人生ほど
つまらない生活は思い当たらない。

ジョン・D・ロックフェラー・ジュニア
米国の実業家、慈善家［1874-1960］

ヨーロッパから最近の日本の状況を俯瞰していると、次の三つの側面がよく目につく。

①「食欲」（グルメ番組やレストラン・ランキング雑誌の極端な多さ）

②「性欲」（他国と違って、本来厳格であるべき一般社会と性欲産業の境界線がきわめて曖昧化している点。出会い系サイトの蔓延、援助交際、不倫の一般化など）

③「物欲」（相変わらず過剰なブランド熱。最近では並行輸入などの面倒な手続きは踏まず、高い日本の正規料金で買うことを厭《いと》わない人の比率が増えてきているらしい）

「きっと日本人はストレスのはけ口をこの三つに求めているのだろう」と以前は勝手に結論づけていたのだが、最近、もっと根源的なレベルで誰も気づかないうちに問題が大きくなっているのではないかと不安になることがある。

我々の行動にも大きな影響を与える脳の問題だ。人間の脳には大きく分けて二つの部分がある。理性をつかさどる「大脳新皮質」と、本能をつかさどる「大脳辺縁系」である。環境ホルモンの影響で日本人の大脳新皮質に何らかの異変が起きていると仮定すると、その下の（本能をつかさどる）大脳辺縁系を抑えるストッパー役が不在ということになる。より本能に忠実で、理性の干渉をあまり受けない人々が生活する国……もしかすると、それが「欲望露出社会」ともいうべき最近の日本の本当の姿なのかもしれない。そうだとすれば、それは米国を代表するこの大富豪が「究極の退屈」と表現するきわめて不自然な状態なのではないだろうか。

If A is a success in life, then A equals X plus Y plus Z. Work is X; Y is play; and Z is keeping your mouth shut.

Albert Einstein

人生における成功をA、仕事をX、遊びをY、
そして口を閉じることをZとすると、
A＝X＋Y＋Z が成立する。

アルバート・アインシュタイン
ユダヤ系ドイツ人物理学者［1879-1955］

欧米人はめったに謝らない。謝ったら負けと考えているのか、とにかく徹底的に言い訳をする。最初に彼らと接したときから随分長い年月を経た今も、相変わらずこの印象が大きく変わることはない。「謝らない欧米人」と「限界まで我慢する日本人」……このため、私の事務所では日本人顧客との間で些細なことがきっかけでしばしば問題が起こる。そんなとき、私が管理者として心掛けているのは、まずは両者の言い分を聞くことである。特に、聞き方には注意をしている。

質問の仕方には大きく分けて二種類ある。一つは「はい、いいえ」で答えることができる閉鎖型質問。例えば「締め切りは守ったのか？」という質問である。心理的緊張を伴い、聞き手を萎縮させる傾向がある。決断をうながすには最適だが、問題解決には不適当といえるだろう。

一方、「はい、いいえ」で答えることができない開放型質問もある。「どうして問題は発生したのか？」「どうすれば今後こういう問題は防げるのか？」といった質問である。回答にはこじつけや言い訳も多いのだが、答えを聞いているうちに現象の裏に潜む問題の所在がくっきりと浮かび上がってくることが多い。

相手を怒らせたり、うまく打ち解けられないとき、人は「話し方」がまずいのでは、と考えがちだ。だが、「聞き方」は案外見落としていることが多い。そんなときは思いきって視点を変えて、聞くことに徹してみるといい。古今東西を問わず、どんな議論や交渉も、口を閉じて長く聞いた人が最後に笑うようだ。

Learn from yesterday, live for today, hope for tomorrow. The important thing is not to stop questioning.

Albert Einstein

過去から学び、今日のために生き、
未来に対して希望をもつ。
大切なことは、何も疑問を持たない状態に
陥らないことである。

アルバート・アインシュタイン
ユダヤ系ドイツ人物理学者［1879-1955］

「教育の民」として知られるユダヤ人たちは、子供の頃から「なぜか」という質問を頻繁にするように徹底的にしつけられるそうだ。質問というものは、自分で問題意識を持って考えなければ出てこない。考えれば考えるほど疑問は生まれてくる。何ごとに対してもそういう姿勢でいると、自然と思考力がついてくる。しかも、情報化社会のなかで有用な情報を取捨選択するための目（健全なる猜疑心）も養える。アインシュタインもユダヤ人だが、そういう環境のなかで、様々な能力を幼少から鍛えていったのだろう。

ユダヤ人に限らず欧米人は、私がどんな質問をしても、堂々と自分なりの意見を展開してくる人が多い。

日本人の場合、基本的に質問はタブーである。実際、「なぜ」を連発すると鬱陶《うっとう》しがられるので極力控えているが、それでも時々聞いてしまう。すると、たいてい「なぜって言ったって、そんなの知らないよ」という答えが返ってくる。正解を聞いているわけでもなければ、疑っているわけでもない。相手が「個人的にどう思うのか」という点に興味があるのだ。そして、できればそこから別の視点を学びたいと思っている。

無関心は、要するに「考えていない」と自ら公言するようなものである。事実はどうであれ、少なくとも、欧米人にはそう受け取られるだろう。

常日ごろから、問題意識を持ってものごとを考えていく姿勢と疑問を呈する勇気……その寄木細工が運を引き寄せ、あなたが胸に抱く未来への希望を現実化するのである。

Destiny is not a matter of chance, it is a matter of choice; it is not a thing to be waited for, it is a thing to be achieved.

William Bryan

運命とは偶然の支配するものではなく、
あなたの選択にかかっている。
運命は待っていてもやってこない。
つかみとって成し遂げるものなのだ。

ウイリアム・ブライアン
米国の法律家、政治家 [1860-1925]

物事には常に二面性がある。否、多面性といったほうがいいかもしれない。多面性のある物事に囲まれながら、人はいつも自分の意思で、自分の見たい側面を「選択」する。

日本では運命という言葉を聞くと、「自分の力では変えられない、どうすることもできないこと」という、いわば諦めの感覚で捉える人が多い。

実際、「仕方がない」は、日本人が最も頻繁に使う言葉の一つと言われている。

確かに、人生には自分の力ではどうすることもできないことが多々ある。人はそのことで思い悩み、苦しむ。一見すると幸せそうに見える人でも、案外、人に言えない悩みがあったり、コンプレックスに苛まれていたりする。

その一方で、何があっても平然としている人もいる。動じない。何とかなる。平常心。無為自然。

たぶん、運命は変えられない。しかし、変えられない運命をどの角度から見るかによって、必ずしもそれは悪くはなくなる。Not too bad.（そんなに悪くはない）、なのである。

「運命」という言葉をどう受け止めるか……それは、本人の選択である。

マイナスに見える状況のなかでマイナスだけを見続けるか、それとも少しでもプラスのものの存在を信じ、懸命にそれを探そうとするか。

どちらがいいのかはわからない。ただ、人生とは、たぶんその答えを探すことなのだろう。

Reality can destroy the dream; why shouldn't the dream destroy reality?

George Moore

現実は夢を壊すことがある。だったら、
夢が現実をぶち壊したっていいではないか？

ジョージ・ムーア
アイルランドの小説家 [1852-1933]

ギリシャ神話に出てくる彫刻の名人ピグマリオンは、自分の理想の女性の像を作った。

「これが人間であったならば」と毎日祈るピグマリオンを哀れんだ愛の女神アフロディーテは、その像に命を与えて人間の女性にした。結局、ピグマリオンはその女性と結婚し、めでたし、めでたし。G・バーナード・ショーはこれをもとに『ピグマリオン』という作品を書いた。映画『マイ・フェア・レディー』の原作である。

強い思い込みは、やる気を生み、それを波のように大きくしていく。そして、その波がよい結果をもたらす。心理学ではこれを「ピグマリオン効果」と呼ぶ。

「こうしたい」「こうなりたい」という気持ちは誰にでもある。だが、人間の頭のなかには、同時にそれを邪魔するマイナスの思考が存在する。「僕には無理だ」「やっぱり難しい」……。

こうした既成概念の呪縛からどうやって自分を解放すればよいのだろう?

まず、既成概念の内容を把握し、結び目をひとつひとつ紐解いていくことが必要だ。同時に、自分の求めるイメージを頭のなかで膨らませていく。より鮮明に思い浮かべられるよう毎日続けてみる。

すると、だんだんと「できるのではないか」と思い始めるから不思議だ。そう思い始めると、自然に体が動き始める。夢とはいっても、案外、身近で実現可能なことのほうが多いものだ。

焦る必要はない。まずは、できることから始めてみたい。そして、ひとつひとつクリアしていけばいい。

Happiness lies in the joy of achievement and the thrill of creative effort.

Franklin D. Roosevelt

幸福とは達成の喜びと
ゼロから何かを生み出すスリルのことである。

フランクリン・D・ルーズベルト
米国第32代大統領 [1882-1945]

「セレンディプの三人の王子」という寓話がある。

主人公はセレンディプ（スリランカ）の三人の王子で、しょっちゅう物をなくしては探しまわっている。ところが、探し物の途中で、いつも思いがけない宝物を発見する。英国の作家ホレス・ウォルポールは、この話をヒントに「思いがけない発見をする能力」を serendipity と呼んだ。

ゼロから何かを生み出すには、素質と努力と運が必要だ。日本の場合、これまでどちらかというと、こうした「創造的努力」よりも「汗をかけ」といった相手の情に訴える努力や膨大な知識を詰め込む「インプット努力」が重要視されてきた。

しかし、今後ますます深化する情報化社会において、知識の価値は急速に陳腐化していく。また、国際化の進展に伴い、日本の情緒的な説得法はますます通用しなくなっていく。

こういう変革期に大切なことは、意識して「アウトプット」型になる努力と「コトバの力」を最大限引き出せるような説得技術の習得であろう。それが確実に「創造」につながっていくのだ。

偶然の発見は、天才の閃きと同義語ではない。本当は、発見を見逃さない「目」を養うまでの不断の努力に負うところが大きい。いざというときにチャンスを見逃さない力を普段から蓄えておけるかどうか、それがチャンスをつかめる人間とつかめない人間を分かつのである。自助努力は偶然を必然に変える。研究者に限らず、人生を謳歌したい人には誰にでもあてはまる成功方程式といえるのではないだろうか。

The future belongs to those who believe in the beauty of their dreams.

Eleanor Roosevelt

夢をもつことの素晴らしさ……、
それを信じている人には未来があるのです。

エレナー・ルーズベルト
フランクリン･D･ルーズベルト米国大統領夫人 [1884-1962]

「夢」

「見る少女」「夢みたいな話をする」といった表現にもあるように、日本に限らず欧米でも「夢」という言葉は、物心がつくと口にするのはいささか気恥ずかしい気分になる言葉だ。なぜだろう？

誰でも子供の頃は、貪欲な夢を抱くものだ。「野球選手になりたい」「スチュワーデスになりたい」などと、夢を膨らませながら大人になっていく。

しかし、物事はなかなか自分の思うようには進まない。

社会の荒波のなかで多くの夢は夢のまま無残に打ち砕かれていく。もちろん、失敗は人間の成長には必要だが、失敗を通して現実を知るうちに、夢を見ることに人は臆病になっていく。歳を重ねれば重ねるほど、臆病になっていく。夢敗れたときの屈辱感を避けたいからだ。

しかし、偉業を成し遂げた人には、大人になっても夢を抱き続けた人が多い。Ｇ・バーナード・ショーの作品は彼が94歳になって初めて劇場で上演された。チャーチルは物書きとして知名度を上げてから政治家になり、首相まで上り詰めた後に、物書きにとって最高の名誉であるノーベル文学賞をもらった。

新聞を開くたびに目に飛び込んでくる悲壮感溢れるニュースの数々。注意していないと、こちらまで暗澹とした気分になってくる。暗くなってくる。

だが、そんな時代だからこそ、ひとりひとりが「消えない夢」を見続けていく前向きの姿勢が大切なのではないだろうか。

第2章

恋愛・結婚・友情・怒り

Love, Marriage, Friendship, Anger

Marriage is like a cage; one sees the birds outside desperate to get in, and those inside equally desperate to get out.

Michel de Montaigne

結婚は鳥かごに似ている。
外にいる鳥は必死で中に入ろうとし、
中にいる鳥は必死で逃げ出そうとする。

モンテーニュ
フランスの随筆家、モラリスト[1533-92]

ヨーロッパに住んでいると、「日本の常識」が必ずしも常識とは言えないことを知り、愕然とすることがある。結婚に対する考え方もその一つである。

すでに少子化問題が指摘されてから久しい欧州諸国では、最近一段と結婚しないカップルが増えている。自分の両親たちが結婚に失敗するのを間近で見てきた彼らは、おそらく親の世代ほど結婚に対してロマンスを感じていないのかもしれない。同僚や知人のみならず、一般的に離婚経験者の数は驚くほど多い。また、どこの学校でも片親の子供の占める割合は多く、日本のように肩身の狭い思いをすることはないようだ。

一方、逆にこれまで結婚したくてもできなかったゲイのカップルの婚姻を法律上認める国もでてきている。

企業の会計原則の一つに、継続性の原則という大前提がある。「企業は半永久的に存続する」……実際は、多くの企業が十年ももたずに潰れていくことを誰もが知っているのに。

日本では、古くから結婚は「誰もがすべきもの」であり、「永続するもの」と頑なに考えられてきた。

だが、国際化の進展のなかで、日本人の価値観は、おそらく今後よりいっそう多様化していくことだろう。そんななかで固定観念はどれほど社会の発展に役立つのだろうか。見方によっては、偏見を生むだけでプラス面が少ないといえるかもしれない。多様化した価値観が認められる社会……それが成熟した「大人の国」の証《あかし》とすれば、日本には欧州から学ぶべき点が多々ありそうだ。

My advice to you is get married; if you find a good wife you'll be happy; if not, you'll become a philosopher.

Socrates

結婚しなさい。良い奥さんを見つければ、あなたは幸せになれる。見つけられなくても心配は要らない。哲学者になれるからだ。

ソクラテス
古代アテナイの哲学者 [c.470-399B.C.]

結

婚には、たぶん「適性」があるのだろう。しかし、適性試験はない。

同棲というシミュレーターはあるものの、何十年という時間軸で考えると、飛行機でいえばいきなり操縦桿を握り、空を飛ぶしか自分の適性を知る方法はない。

本当は、結婚に向く人もいれば、向かない人もいるはずだ。どちらも「一人前」の大人である。しかし、日本では選択肢はあまりない。四方八方から自分にも相手にもプレッシャーがかかってくる。そして、勢いで結婚……そんな人も少なくない。当然、そのような「勢い」が長く続くはずもない。子供のことを考えて、仮面夫婦を続けるのも一つの選択肢だが、一度きりの人生の生き方としては悔いが残るだろう。だが、離婚するには相当のエネルギーと金がかかる。割が合わない。だから、惰性で結婚生活を続ける。たとえ、それが間違っていても。

所詮、人間は常に合理的な行動を取る生き物ではない。人生は非条理の寄木細工。自分に向かないとわかっていても、行動してしまう。それが人間の人間たる所以《ゆえん》であろう。

ソクラテスの妻は「悪妻」として有名だった。

だが実際は、ソクラテスもその妻もプラトンの作り出した文字上の人物である。したがって、このせりふもフィクションに過ぎないのだが、人が様々な制約条件のなかで、自分の結婚について考え続けると、誰でも「哲学的な気分」になれることだけは、ノンフィクションとしても確かなようだ。

Love means not ever having to say you are sorry.

Erich Segal

愛とは決して後悔しないこと。

エリック・シーガル
米国の小説家[1937-　]、*Love Story* (1970)

べルギー人の友人のなかに40代半ばの弁護士がいる。独身。久しぶりに会うと、必ずと言っていいほど、連れている女性が違う。自他共に認める「結婚に向かないタイプ」である。

興味深いことに、新しい恋人ができると、彼は最初に必ず相手と一緒に病院に行く。目的はエイズ検査。西洋的合理主義と言えばそれまでだが、日本的感覚では、付き合いだしたばかりの段階で「一緒に病院で検査しよう」と切り出すには、いささか勇気がいるだろう。

しかし、彼はそんなことを気にする様子もない。

昨年度の全世界における新たなエイズ感染者数は五百万人。その前年も五百万人。現在累計感染者数四千二百万人。日本においてもこの問題と真剣に取り組まなければならない時期を迎えていることは明らかである。だが、日本において、エイズをはじめとする性感染症の問題は、どれほど深刻に受け止められているのだろうか？

特に、古《いにしえ》より性に対しておおらかな民族と言われてきた日本人は、この点に対する危機意識が希薄と言えるのではないだろうか。いまだに減らない海外買春ツアー、多国籍経営の国内性風俗店の増加、援助交際など……かなりの数に上る感染者が日本にもいることは誰にでも容易に想像できよう。

しかも、肝炎などの危険な性感染症の蔓延も指摘されている。もしかすると、気づかないうちに「後悔する愛」を育んでいるカップルは、かなりの数に上るのでないだろうか。［次項へ続く］

The cruelest lies are often told in silence.

Robert Louis Stevenson

いちばん残酷な嘘は、
しばしば沈黙という形をとる。

ロバート・ルイス・スティーブンソン
スコットランドの作家 [1850-94]

結局、エイズ問題の解決策は、教育以外にはないだろう。「臭いものには蓋をしろ」という失語社会の発想は、実は最も無責任で残酷な行為だ。

もっとも、「セイフ・セックス」などという欧米の抽象的スローガンは日本人には効かないだろう。まず、日本人は欧米人と違って抽象的な概念を理解することが不得手な人が多い。抽象概念から具体的な危機感にもっていけないのだ。しかも、ホルモンの分泌が活発な青少年の場合、性衝動を理性で抑えるのは難しい。かなり強いショック療法が必要だろう。私ならば、まずはエイズ関連の統計数字から始めて、病気の症状を示すナマナマしい写真を見せるだろう。ただし、情緒的な日本人を説得するには論理だけでは駄目だ。最後にハートに訴える必要がある。

「あなたが恋をして結婚します。そして、子供ができたとします。人生において最高に幸せな瞬間でしょう。そんな喜びの絶頂のなかで、奥さんのエイズ感染が発覚します。しかも、生まれてくる赤ちゃんも感染しているのです。そしてその原因が、あなた自身の過去の乱れた恋愛や風俗遊びにあったとしたら、その現実を受け止められますか？　そんな地獄絵も決して他人事ではすまない世の中になってきました。不特定多数の相手と性交渉を持つのは危険です」

これからは恋愛においても、自分の身は自分で守る「自己責任の原則」がより重要となる時代を日本も迎える。健全なる猜疑心をもちたい……後悔しない人生を送るためにも。

Loving can cost a lot, but not loving always costs more.

Merle Shain

愛情を育むには、お金がかかる。
だが、その努力を怠れば、
もっと散財する覚悟が必要になる。

マール・シェイン
カナダの作家［1935-89］

新聞でよく子供の教育費の記事を見かける。一人あたりいくら云々。思っていた以上に高い数字だ。先行きの見えない最近の状況では、誰もが不安を感じることだろう。

しかし、そんな状況だからこそ、悲観を笑い飛ばす楽観的な姿勢が大切である。歴史的に逆境下でも笑いを忘れることがなかったユダヤ人は、人間の一生を次のように喩《たと》えている。「一歳は王様。周りの誰もが傅《かしず》くように機嫌を取ってくれる。二歳は子豚。泥のなかを走り回る。十歳は子ヤギ。元気よく駆け回る。十八歳は馬。背伸びして自分を大きく見せたがる。結婚するとロバ。家族という重荷を背負って、とぼとぼ歩き続ける。中年になると犬。家族を養うために人々の関心や哀れみを受けようとも、ひたむきな努力と忍耐が必要。老年は猿。再び子供っぽくなるが、もはや誰からも相手にされない」

ちなみに、これは「愛情を維持して家庭生活を続けた場合」の話である。

その努力を怠ると、どうなるのだろうか？

まず、ストレスを抱えた奥方は、一晩で浪費家に変身できる「才能」を持つ人が多い。さらに、離婚となれば、慰謝料、養育費、弁護士費用等、どんどん出費は増えていく。子供も同じだ。愛情を注がなければ、「欲望露出社会」ともいうべき最近の日本では落とし穴に落ちるリスクが以前より格段に高くなっている。

ロバは、辛抱強い動物である。しかし、ある限界を超えると、藁を一本乗せただけでも背骨が折れてしまう。藁に背骨を折られないためにも、家族には愛情を注いだほうがよさそうだ。

Trust yourself. Create the kind of self that you will be happy to live with all your life.

Golda Meir

自分を信じなさい。
一生つきあって幸せな気分でいられるような
自分を創り出すのです。

ゴルダ・メイア
イスラエルの女性政治家 [1898-1978]

アメリカの心理学者ジョー・ロフトとハリー・イングラムの共同研究に「ジョハリの窓」という心理学説がある。曰く、以下の四つの窓から自分を眺めてみることによって「自分を知る」手がかりが得られるという。

①第一の窓（明るい窓［開放領域］）……自分も知っているし、人も知っている自分。この領域を大きくすることが、「自分を知る」ことにつながっていく。

②第二の窓（隠れた窓）……自分だけが知っていて、人は知らない自分。よく「ミステリアスな人」と言われる人がいるが、そういう人はこの窓が大きい。意図的にこの窓を大きくしている人もいれば、無意識のうちにそうしている人もいる。

③第三の窓（盲目の窓）……自分は知らないが、人は知っている自分。この窓が大きくなると、裸の王様になってしまう。ワンマン社長はこの罠に陥りやすい。

④第四の窓（暗い窓）……自分も知らないし、人も知らない自分。潜在能力は誰にでもある。

「自分を知る」ことは案外難しい。自己認知（主観的な自分）と他者認知（客観的な自分）の間には、しばしばズレがある。この乖離《かいり》を減らしていくことが「自分を知る」ことに他ならない。自分を信じて「自信」をもつには、この作業を避けて通ることはできないのだ。

一生つきあっていく自分である以上、徹底的に考えてみる価値があるのではないだろうか。［次項へ続く］

Friends are people who help you be more yourself.

Merle Shain

友達とは「本当の自分」を
探すことを手助けしてくれる人を指す。

マール・シェイン
カナダの作家[1935-89]

「本当の自分」とは一体どういう人間なのだろうか。一説によると、「第四の窓の自分」つまり「自分も他人も知らない自分」であることが多いようだ。もしそうならば、無限の可能性が拡がっていくような気分になれる。

潜在能力の大敵は「できない」「無理だ」という思い込みである。そんな考えにとらわれていては、自分の潜在能力を開花させることはできない。だが、独力だけではその呪縛から自分を解き放つことは難しい。だからこそ、友人や家族の助けが必要なのである。友人や家族からの助言や励まし、つまり友情や愛情が思い込みや不安といった足枷《あしかせ》をはずしてくれるのだ。その上で、新しいことに挑戦したり、自己変革を試みる。これが、理想的な潜在能力開発方法といえよう。

一方、自分だけが見えていない「第三の盲目の窓」については、友人や家族の助言に積極的に耳を傾け、窓を小さくする必要がある。聞く耳は常に大切だ。また、自分だけが知っている「第二の隠れた窓」についても、表現力や発信力を磨いて窓を小さくする必要がある。その結果、自分も他人も知っている「第一の明るい窓」が全開となり、人生はより豊かなものになっていくはずだ。

ちなみに、「ジョハリの窓」と「友情の力」に加えて、本書に一貫して流れる「自然のなかの自分」や「世界のなかの自分」という視点から考えていくことも、案外「自分を知る」ための近道になるかもしれない。

いずれにせよ、「本当の自分」探しが、人生の目的の一つであることは間違いなさそうだ。

If you can't find it within yourself to forgive others, find a mirror.

anonymous

自分のなかで
人を許すことができなければ、鏡をみろ。

作者不明

自分の容姿を知らない人は鏡を悪く言う。
自分の心を知らない人は他人を悪く言う。

「虫が好かない」という表現があるが、他人に対して何か説明できない嫌悪感や不満を感じるときは、無意識のうちに相手のなかに自分自身の嫌な部分を投影させていることが多い。

そんな状況に陥ったら、試しに相手の許せない点を紙に書いてみてはどうだろうか。ひとつひとつ書き連ねていき、最後にそのリストを眺めてみる。自分のなかにも思い当たる部分があるかもしれない。自分の欠点と向かい合うのは、少し勇気が要る行為かもしれない。だが、大人の社会では自分の欠点を教えてくれる人はあまりいない。だからこそ、自ら欠点を把握し、改善していこうとする積極的な姿勢は大切だ。所詮、人間など完璧ではないし、子供と大人の境界線を年齢で区切るのも必ずしも正しくはないだろう。

人は「鏡」である。

怒った顔をして相手をみれば、相手の表情も曇るし、逆に微笑みかければ相手の表情も明るくなる。幸福も不幸も自分の心がけ次第なのである。禍福無門。他人を許せないなら、鏡を見て微笑んでみたい。少しばかり表情がゆがんでも、引きつってもいい。

鏡には人の魂を映し出す魔力があるというヨーロッパの迷信があるが、もしかするとその魔力が、あなたの顔に書いてある「怒り」という文字を「喜び」という文字に変えてくれるかもしれない。

It is human nature to think wisely and act foolishly.

Anatole France

頭のなかではよく分かっていても、
いざというときに愚かな行動を
とってしまうのは
人間の性《さが》である。

アナトール・フランス
フランスの小説家、批評家[1844-1924]

中

国が今世紀の最大の成長株として注目されている。脅威論もよく聞く。

しかし、「自然」という観点から中国を俯瞰すると、大きな弱点があるように思えてならない。

長年にわたる「一人っ子政策」(一九七九年末導入)の結果、これからの中国を背負っていく人々が全員一人っ子となる時代を迎える点である。

もちろん、一人っ子自体に問題はない。問題は、過保護な親に躾られた「小皇帝」と揶揄《やゆ》される自己中心的な子供が増殖している点と崩れた男女比のバランスにある(男の子のほうが多いようだ)。今後、「働き盛りの国民全員が一人っ子」というきわめて不自然な状況を迎えると、日本以上に深刻な高齢化問題とあいまって、何らかの綻《ほころ》びが生じる可能性は否めないだろう。中国政府はこうした陰影に気づいたのか、遅ればせながら二〇一〇年には見直すようだ。

ちなみに、日本も決して例外ではない。抗菌グッズの大ヒット、臭いに対する過度の反応、スタミナドリンクの常習化、「不自然な」状況の例を挙げればきりがない。

自然は諸刃《もろは》の剣である。人間は古《いにしえ》より、自然から多くのことを学んできた。

頭だけで考えていると、ときとして人間は愚かなことをしてしまう。だからこそ、時々、歩みを止めて原点に戻って考える姿勢が大切ではないだろうか。

原点である自然……この視点を持ち続けなければ、案外早い時期に人類は地球上から滅びていくだろう。

When you are content to be simply yourself and don't compare or compete, everybody will respect you.

Lao-tsu

自分自身に満足することができ、
誰とも自分を比べず、誰とも競わなければ、
誰もがあなたを尊敬してくれることだろう。

老 子
中国の思想家、哲学者 [604?-?531B.C.]

先日、台湾人の知人が訪ねてきた。日本と英国で教育を受け、その後台湾に帰り、ハイテク関連の会社に勤めていた。彼の話では、台湾では昼休みに多くの社員が会社の机につっぷして昼寝しているらしい。なかには電話をかけても「昼休みだから」と取り次いでもらえない会社もあるようだ。もちろん、すべての会社がそうではないだろうが、決して珍しくないそうだ。また、ミスを指摘しても、過剰な言い訳をする人が多く、母国にもかかわらず、相当神経をすり減らしている様子がこちらにも伝わってきた。結局、彼は生まれ育った国に馴染めず、また英国に戻っていった。

異文化の刺激を受けると、人によっては母国文化の負の面に対する寛容性に著しい変化が生じるのかもしれない。日本でも、何かと言うと「アメリカでは」という米国至上主義の人が少なくない。その反対の「やっぱり日本がいちばん」という人も多い。だが、異文化を前にして、こうした二極分化をする必要があるのだろうか？

自戒を込めて振り返ってみると、この原因が「比較すること」にあるような気がする。異文化の理解は難しい。人はどうしても自分が生まれ育った国の価値観を基に異文化を判断してしまう。見る角度を決めてしまう。「日本のほうがいい」「アメリカのほうがいい」と、比較すればするほど、この罠にはまってしまう。結局、異文化コミュニケーションの秘訣は「比べない」ことに尽きるのではないだろうか。異文化の寄木細工であるヨーロッパで暮らしていると、ふとそんな感慨にとらわれることが多い。

Never trust a man who speaks well of everyone.

John Churton Collins

誰《だれ》彼《かれ》かまわず誉めている人間を信用するな。

ジョン・チャートン・コリンズ
英国の文芸批評家［1848-1908］

真

冬のある日、二匹のヤマアラシが嵐にあった。寒いのでお互いにくっつくと、自分の棘《とげ》で相手を刺してしまう。そこで今度は離れてみると、寒さに耐えられなくなってしまう。何度か試行錯誤を繰り返すうちに、二匹は最適な距離を見つけることができたそうな。

哲学者のショーペンハウアーによるこの寓話をもとに、あるアメリカの精神分析医がthe porcupine's dilemma（ヤマアラシのジレンマ）という言葉を用いて、寄り添えば寄り添うほど、お互いを傷つけあってしまう対人関係を紹介した。

ところで、インターネットを介した人間関係が主流になりつつある現代において、ヤマアラシたちはどうしているのだろう？

インターネットには子供たちがそういう試行錯誤（刺したり、刺されたり）する機会を大幅に減らす効果がある。最初からそういうジレンマに陥る可能性を避け、仮想空間（出会い系サイトでメル友を見つけるなど）で、相手を刺すことも、刺されることもない気楽な人間関係を「選好」する若者が増えているらしい。

「自分の背中に棘があることを忘れている、あるいはその存在さえ知らない若者が会社に入ると、複雑な人間関係のなかでどのような行動をとるのだろうか」……それが私が最近興味をもっていることの一つだが、もしかすると昔からいる八方美人の心理にも、案外、仮想世界に逃げる現代の若者と共通する部分があるのかもしれない。

When angry, count to four; when very angry, swear.

Mark Twain

怒りを感じたら、４まで数えろ。
怒りが頂点に達したら、罵《ののし》れ。

マーク・トゥエイン
米国の作家［1835-1910］

「フランス人コーチが『日本のコーチは何であんなに怒るんだ。もっとちゃんとつかめと怒鳴ってるけど、つかめないから落としたのだろう』と嘆いていた」（元ラグビー日本代表監督の平尾誠二氏）

ただ怒鳴るだけならサルでもできる。

どうしたら落とさないようにできるかを教えるのがコーチの役目であり、存在理由ではなかろうか。

教える側の「不自然さ」という観点から日本を考えてみたい。

今でも鮮明に覚えているのだが、小学生のとき、私の隣に座っていた女の子が給食後に突然吐いた。ただの風邪だったのだが、吐瀉物《としゃ》が前に座っていた級友にかかった。するとと彼も気分が悪くなったのか、吐いてしまった。十歳の子供だったから自律神経が未発達だったのであろう。

ところが、大学を出たての担任教師は、恐ろしい形相で「何だお前、失礼じゃないか」とヒステリックに叫びながら、その子の顔面を突然拳で殴ったのだ。

彼は気持ち悪くて吐いているわけであり、殴られている場合ではない。ましてや、まだ子供である。嘔吐などを自分でコントロールできるほど体ができていない。嘔吐の発作がおさまった後で、冷静に紳士としてのマナーを教えてやればいい。それが教師の役目ではないだろうか。

そもそも怒りさえ抑えることができない人間が、どうしてその大切さを子供達に教えられるのだろうか。冒頭のフランス人コーチは、日本に蔓延する情緒不安定な教師の問題点を鋭くついているように思える。

When anger blinds the mind, truth disappears.

German proverb

怒りで頭がいっぱいになると、
真実は消えていく。

ドイツの諺

日本では歴史的に教師を「先生」と呼び、「偉い人」として、ある意味で思考停止状態のまま崇拝してきた。

これは、「対等な存在」として位置づけられている欧米の教師たちと比較すると、大きな違いといえよう。なぜ、彼らは絶対視されてきたのだろう？

一般論だが、理由の一つに、今ほど情報が氾濫しておらず、ある意味で教師だけが情報を独占していた点があげられよう。日本人の神格化好きの傾向や「先生カルチャー」とあいまって、「教師は万能。だから尊敬されるべき」と祭り上げてしまったのだろう。しかも、その前提に対して誰も異議を唱えなかったからこそ、前項のような情緒不安定なお子様教師が大手を振って教師面《づら》できたのだろう。

しかし、情報化社会は、そうした慣習を根本から変えてしまった。今では誰でも簡単に情報を得ることができるからだ。

人々の目が開き「教師も一人の悩み多き人間である」と、その弱い面が見え始めると、教師たちは急におとなしくなった。体罰などもってのほか。余計なことはしない。すれば親たちから怒鳴り込まれる。マスコミに叩かれる。見ざる、言わざる、聞かざる、怒らざる。こうした著しい変化と並行して、教室では陰湿な「いじめ」がエスカレートしていった。

このように、何事も極端に走る傾向のある日本を、ヨーロッパと対比させながら次項で考えてみたい。

The worst sin towards our fellow creatures is not to hate them, but to be indifferent to them: that's the essence of inhumanity.

George Bernard Shaw

人間にとって最大の罪は、
他者への憎しみではない。
他者への無関心である。とどのつまり
無関心こそ非人道的な行為の源といえよう。

G・バーナード・ショー
アイルランド生まれの英国の劇作家、批評家[1856-1950]

私の住むベルギーという国は、「ヨーロッパの十字路」と呼ばれてきたように、歴史的に常に近隣の強国に侵略され続けてきた。常に侵略、征服され、絶えず国境線が動かされてきた。そうした苦い経験を通して「権威に対して疑問を持つ勇気」と「妥協点を見出す知恵」を身につけていったのだろう。特に後者はBelgian compromise（ベルギー式妥協法）と呼ばれ、国際的によく知られている。まず、原因を確認した上で、両者の言い分を聞き、妥協点を見出す。妥協点が簡単には見つからない場合は、即興的な手法で解決する。

日本では前々項で触れた教師のように問答無用で怒りだす人間が多かった。こうした管理教育では、人は思考を停止する。疑問さえ抱かなくなる。無関心になる。しかし、それはとても不自然で非人間的な行為である。まず言い分を聞くこと。それが、人間ができる高等な対処法なのだ。日本では、どうしてこうも極端に走ってしまうのだろう？

いじめを例に取って考えてみよう。いじめは、日本では社会問題となっているが、決して日本特有の現象ではない。ベルギーを含めて、世界中どこにでもある。しかし、ベルギー人の子供たちは、たとえいじめるとしても限度をわきまえていて、ある程度までいくと、それ以上はやらない。だから葬式ごっこも、殺すこともなければ、自殺する生徒もいない。

日本もかつてはそうだった。子供たちは「限度」をわきまえていたのだ。

Fear less, hope more; Whine less, breathe more; Talk less, say more; Hate less, love more; And all good things are yours.

Swedish proverb

恐れるよりも望もう。
愚痴《ぐち》るよりも深く息を吸おう。
駄弁《だべ》るよりも語ろう。
憎むよりも愛そう。
そうすればすべてが上手くいく。

スウェーデンの諺

極端に走りやすい日本人について考えてきたが、そろそろその理由が見えてきたのではないだろうか。

精神分析学の用語で「他罰的」という言葉がある。

問題が起きると、他人のせいにする。あいつも駄目。こいつも駄目。人に対してとても厳しい。反意語は「自罰的」で、何でも自分が悪いと思う。俺は駄目だ。わたしが悪い。

聞くところによると、最近日本では自覚症状の有無にかかわらず「他罰傾向」の強い神経症ぎみの人が急増しているそうだ。

私自身、ヨーロッパに来た当初は、日本との習慣の違いから怒心頭《いかり》に発することが多く、「なんで犬の糞を放置するのだ」「なんて乱暴な運転だ」などと、やり場のない憤りを感じたものだ。

だが、長年こちらで過ごしてみると、ヨーロッパの人々には「自分にも人にも甘い」傾向があることに気づく。他罰的ではない。自罰的でもない。「非罰的」なのだ。自分は悪くない。他人も悪くない。誰も責めない。心の平穏・平静＝しあわせ。

完璧な人間は存在しない。みな長所もあれば、短所もある。だからこそ、非罰的なほうが人間として自然なかたちであり、しあわせに暮らせるのかもしれない。

おそらく、長い年月のなかで陰と陽、失敗と成功を繰り返していくうちに、そうした考え方を身につけていったのではないだろうか。私はこれを「歴史的価値観」と呼びたい。信条（イデオロギー）で作られた国アメリカと比較してみると、こうした非罰傾向は、程度の差こそあれ、ヨーロッパ

［次頁へ続く］

人全般にあてはまる傾向のように思える。

日本も長い歴史を持つ国である。だとすれば、本来こうした姿勢は日本人にも当てはまるのではないだろうか。

確かに、現在の日本には成熟期によくみられる問題が多数存在する。しかし、「閉塞感」「停滞」などと問題ばかり強調しても何ら解決策に結びつくことはない。日本は、もはや戦後の復興期になりふり構わず突っ走ってきたような国ではない。「歴史的価値観を持つ成熟した大人の国」……そう考えてもいい時期を迎えているのではなかろうか。そういった視点から日本を見つめ直してみると、やるべきことが見えてくるはずだ。一人ひとりがそうやってリーダーシップを意識しながら「考え」ていく。それが確実に日本の再生につながっていくのではないだろうか。

何事も完璧はありえない。完璧な国もなければ、完璧な民族や完璧な人間もいない。こうした視点から、様々な国々を見てみると、だんだんと世界が「観」えてくるはずだ。歴史的価値観を共有する成熟期の国家という意味では、先輩格のヨーロッパ諸国から日本が学んでみる価値は十分にあるといえるだろう。

「他罰的」よりも「非罰的」、そう考えてみると、自分のなかで確実に何かが変わり始めるだろう。

第3章

お金の秘密

Money

Money is like muck, not good except it be spread.

Francis Bacon

金は肥やしのようなもの。
(一ヵ所に溜めておけば臭うが)
撒き散らせば用をなす。

フランシス・ベーコン
英国の哲学者[1561-1626]

ノブレス・オブリージュ（noblesse oblige）という言葉がある。

高貴の義務・美徳。「富や名声を持つ者には社会的義務がある」という意味である。

もともとは、奴隷制度という現実を昇華させたアメリカ南部の理想論だった。当時はこれを曲解した者たちの間で貴賤結婚（実態は奴隷にお手つけをした主人が彼女たちを妾《めかけ》としたわけで、多くは結婚ではなかった）が流行ったが、時を隔ててアメリカ人の美徳となっていった。

実際、アメリカの成功者たちはこの美徳を実践している人が多いので感心する。

週末に地元のためのボランティアを大企業の幹部たちがかって出る風景は、日本ではあまり馴染みがないが、アメリカでは多く見受けられる。アメリカの底力を如実に表わす側面の一つである。

ただし、ノブレス・オブリージュはアメリカ人だけのものではない。誰にでもできる。例えば、慈善団体への寄付も一つの方法だが、お金だけではない。経験や知識を他人に分け与えてもいいのだ。

「与える」と「得る」は表裏一体である。まずは身近な人をイメージして何ができるか考えてみよう。見返りなど期待せずに、できることをやってみると、思いがけず得られるものがあるかもしれない。

「思うこと」と「実際にやること」はまったく違う。大切なのは実行力である。まずは他人のために、社会のために自分は何ができるのか考えてみる。そうすると、あなたのなかで確実に何かが変わるはずだ。

Money is like a sixth sense without which you cannot make a complete use of the other five.

Somerset Maugham

お金は第六感のようなもの。
それがなければ、他の五感を
完全に活《い》かすことができない。

サマーセット・モーム
英国の小説家、劇作家 [1874-1965]

聴

覚、視覚、嗅覚、味覚そして触覚。この五つの感覚を鋭くするためには、何よりもまず体を動かす必要がある。人間は、暮らしやすさを追求するあまり、自ら動くことを必要としない社会を作り上げてしまった。ともすると、「歩く」「手を使う」「噛む」という基本動作すら忘れかねない。本来「動物」である人間は、快適な環境に慣れすぎると感覚が鈍るようだ。大島清京大名誉教授は、この三動作を怠ることを「三悪」と呼んでいるが、言い得て妙である。

ただし、本書では「悪」というマイナスの発想から入らずに、むしろ「幸せに生きるためのヒント」と解釈してみたい。何事もプラス思考が大切だ。

たとえば、あなたがゴルフを習っているとする。本屋で教本を買ってきて、机に座って読んでいては、身体が覚えるはずがない。脳に刺激がいかないからだ。多少無理してでも、本格的なレッスンを受けてみる。時間があるなら、思いきってスコットランドまで飛んでみる。五感を総動員させて、ゴルフ三昧をやってみる。金も時間もかかるが、そういうメリハリ、緩急の妙が、脳には大きな刺激となる。また、そういう夢をもつだけでも、夢想するだけでも、脳は確実に活性化される。

発想に行きづまったとき、五感という基本に戻って考えてみると、思いがけないアイディアが生まれるものである。「動物」であることを忘れぬよう、五感を磨き続けたい。

なお、五感を「主」とすれば、お金は「従」である。主従関係が壊れると、脳にも影響があるので気をつけたい。

Money can't buy friends, but you can get a better class of enemy.

Spike Milligan

金では友を買うことはできない。
ただ、品の良い敵を得ることはできよう。

スパイク・ミリガン
英国の喜劇俳優、ユーモア作家[1918- 2002]

フランスの文豪バルザックの『ゴリオ爺さん』という小説がある。バルザックは『人間喜劇』という膨大な小説群を書いたが、そのなかでも、この小説は主要作品の一つに数えられている。

引退した資産家ゴリオは、見栄をはって、巨額の持参金つきで娘二人を貴族に嫁がせた。没落寸前の貴族であることも知らずに。娘を嫁がせた後、ゴリオは下宿生活を始めるのだが、徐々に借りている部屋のレベルが下がっていく。長屋の人々は「ゴリオは女に金をつぎ込んでいるのか」などと詮索するのだが、実際はお金で娘の歓心、愛情を買おうと試みた父親の哀れな姿に他ならなかった。そのうち無一文になり、無心にくる娘たちにお金を渡せなくなる。娘の屋敷に行っても、「みっともないから来ないで」と疎《うと》んじられてしまう。心労のあまり倒れたゴリオをもはや娘たちは見舞うこともない。そして「俺に金さえあれば、娘たちが来てくれるのに」と叫びながら、悲しい最期を迎える。

だが、本当にお金さえあれば、娘たちは見舞いに来てくれたのだろうか？

お金では幸せを買うことはできない。愛情も友情も買うことはできない。引き寄せることができるのは、たいてい敵の面々だ。それも「友達」という品の良いお面をかぶった敵である。晴れているときは、近づいてくるが、天候が少しでも崩れると、行方知れずになってしまう「晴れの日の友」(fair-weather friends) だ。

お金を追いかけても捕まえることはできない。幸せな人だけを、お金のほうが追いかけていくのだ。

Lack of money is the root of all evil.

George Bernard Shaw

金がないこと……
それがすべての元凶である。

G・バーナード・ショー
アイルランド生まれの英国の劇作家、批評家[1856-1950]

人間の欲望には限りがない。給料が上がっても、昇進しても、もっともっと欲しくなる。「あいつは俺よりも多い」と他人が羨ましくなる。

こういう人間の性《さが》に対し、著者は自戒を込めて「隣の芝生症候群」と勝手に名づけている。一度この病気に罹《かか》ると、どんなに頑張っても貧しい気分から解放されなくなる。アリ地獄のように、頑張っても、頑張っても、どんどん深みに嵌《はま》っていく。そして、心に残るのは新しいレベルの相対的貧困感と大きなストレスだけ。

ただ、この病気の主たる症状である貧困感は「相対的」という点で、一般的な貧困感とは著しく異なる。実際、世間一般からは「成功者」と考えられている人たちに案外多いからだ。しかし、他人への嫉妬や犯罪を誘発しやすい点では両者は似ている。

それでは、どうしたら他人と比較しないようになれるのだろうか？

「知足、喜足」という言葉がある。足《た》るを知り、足るを喜ぶ。

私は、これを満腹という意味には解釈しない。腹八分目。つまり、何事もほどほどがいい。

一部の日本人が大好きな完璧主義など百害あって一利無し。「ほどほど」という充足感を噛みしめることが大切だ。足るを知り、足るを喜ぶこと。そして、できることから何かを始めてみる。幸せに生きるためのコツを一言で言えば、案外そんなふうにまとめることができるのかもしれない。

You can be young without money but you can't be old without it.

Tennessee Williams

若いときに金がないのはいい。
だが、金がないまま歳をとることはできない。

テネシー・ウィリアムズ
米国の劇作家 [1911-83]

私がブリュッセルで主宰している勉強会には40代を中心とした日本企業駐在員や官僚が毎月集まる。このなかに一人70代の人がいた。若かりし頃ブリュッセルに駐在しており、退職して十数年日本で過ごしてからこちらに移り住んできたそうだ。

最近、退職後の第二の人生を謳歌する場所として、海外を選ぶ人が増えているようだ。先に述べた台湾人の知人のように海外生活経験がすでにある人ばかりではなく、退職前はずっと日本で暮らしていた人でもアジアを始めとした様々な国に移り住んでいる。

ユダヤ人の知人から聞いた諺に「老人はサルに似ている。再び子供っぽくなって、もはや誰も相手にしてくれない」というものがある。少し棘《とげ》があるが、正鵠《せいこく》を射ているのではないか。年をとったら、お金は多少持っていたほうがいい。孫に何か買ってやるにしても、頭のなかでせせこましくやりくりを考えているようでは、あまりにもわびしい老後と言えよう。寒い日本の冬を避け、暖かい国で過ごしたければ、日本との二重生活を考えてみるのもいい。それには、交通費も必要だし、ホテルに泊まるにせよ、別荘を購入するにせよ、先立つものはお金である。

人は歳を取るとケチになる人が多い。だからこそ、あえて気前よく振舞える老後を過ごしたい。お金はあの世には持っていくことができない。先述のユダヤ人の格言ではないが、同じサルならケチ臭いサルよりも「気風《きっぷ》のいいサル」のほうが人生の最終幕を演じるときにはサマになるのではないだろうか。

Do not bite at the bait of pleasure till you know there is no hook beneath it.

Thomas Jefferson

快楽の餌を見つけても、その下に針がないと確認するまでは口に入れるな。

トマス・ジェファーソン
米国第３代大統領［1743-1826］

日本の本屋にはなぜあれほど安易な「金儲け」関連の本が溢れているのだろうか？

第一の理由は、やはり不況であろう。先行きの見えにくい世の中では、少しでもお金を増やしたいという気持ちを誰もが密かにもっている。もう一つは、兄貴分のアメリカの影響だろう。アメリカでは「金」は成功の同義語と考えられており、金儲け関連の本は常にベストセラー・リストの上位に顔を出す。日本の出版業界では「アメリカで売れるものは、日本でも売れる」と信じられており、そういう背景でその種の翻訳本が日本の書店でも溢れかえっているのかもしれない。

日本ではあまり知られていないが、一般的なアメリカの教育システムでは、自助努力の大切さはあまり教えられない。このためか、努力もせずに一攫千金ばかり夢見る人が後を絶たない。当然そういう人々を狙った安易な金儲け本が蔓延する。書いてあることはたいてい同じで「ネズミの闘い（rat race）とはおさらばしましょう」（サラリーマン生活は人生の無駄）、「会社を作って節税せよ」、「複数の収入源を確保しろ」などである。当然、本だけではない。怪しげな金儲け指南セミナーも多いし、インターネットを使った迷惑営業メールも乱れ飛ぶ。そして、こういう詐欺にひっかかる人が多いから詐欺師たちが跋扈《ばっこ》するのだろう。

結局、世の中にうまい話などない。そもそも成功には複雑な方程式など必要としないのだ。必要なのは「自助努力」と「自己責任」と「急がば回れ」……その三つで十分ではないだろうか。

Money can buy you a pretty good dog but it can't buy the wag of his tail.

anonymous

お金があればかなり良い犬を
買うことができる。
だが、お金で犬に尻尾を振らせることは
できない。

作者不明

バブル期のことだが、私の生まれ育った地域では、今では到底信じられないほど地価が上がった。そして、昔から代々その地域で商売を営んできた人々も、金融機関や地上げ屋の説得に応じて土地を売り、引っ越していった。

不思議に思ったのは、大金を手にしたがために、不幸になった人々を少なからず見かけたことである。今まで見たこともない大金を手にすると、高級車を買い、それまでは行ったこともなかった高級クラブに通い始める。「金さえあれば何でもできる」という全能感に酔いしれる。仕事も休みがちになり、そのうち辞める。そうなると、転落のスピードは最高潮に達する。喫茶店経営。株や商品先物取引。マンション経営。素人が手を出しても、負けは最初から見えている。

負けに不思議の負けなし。やがて、喫茶店はつぶれ、相場は崩れ、お金は猛スピードで消えていく。金の切れ目が縁の切れ目。家庭崩壊、一家離散、愛人にも逃げられ、借金だけが残る。

端《はた》からは、まるでお金が不幸を一緒に連れてきたかのように見えた。

確かにお金があれば、欲しい物を買うことはできる。問題は、金で幸せを手に入れられると勘違いすることだ。金で人生を思い通りに展開できるか否か？　これはまったく次元の違う問題である。実際、金に振り回されて奈落の底に落ちてしまう人は、想像以上に多いものだ。

大切なことは、金の性格をよく知ることだ。そうすれば金のほうから尻尾を振ってついてくるかもしれない。

第4章

リーダーシップ・成功と失敗

Leadership, Success & Failure

Victory has a thousand fathers but defeat is an orphan.

John Fitzgerald Kennedy

成功には千人の父親がいる。
だが、失敗は孤児である。

ジョン・F・ケネディ
米国第35代大統領[1917-63]

物事には「言った者勝ち」という側面もあるが、以前大きなプロジェクトを成功させたとき、あまり関係のない人間がどこからともなく現れて成功を喧伝されてしまったことがある。カッカしていた私に、ブラック・ユーモア好きの上司はこうつぶやいた。「成功にはたくさんの父親がいる」（オランダの諺）……気の利いたジョークで、私の憤りは瞬時に霧散した。

「成功の陰にはたくさんの人の努力がある」と解釈するのは性善説の人。

だが、ブラック・ユーモア好きな人にはアリの大群が鮮明に見えるはずだ。成功の甘い香りに引き寄せられて、どこからともなく続々と集まってくるアリの大群。手柄の分け前に少しでもあずかろうと、俺も俺もとやっているうちに、結局、誰の手柄だかわからなくなってしまう。そういう意味で成功は、誰の子かわからない私生児と似ている。もっとも、私生児の場合、父親は自ら名乗りでてこないだろうが。

引用の言葉の原典は不明だが、ケネディが使っているのでアイルランドにも似たような諺があるのかもしれない。こちらは失敗のほうの喩《たと》えも添えてあるので面白い。「孤児」(**orphan**)というインパクトのある言葉を使って、失敗すると責任の擦《なす》り合いばかりで、誰も責任を取ろうとしない人間の悲しい性《さが》を見事に表現している。

本当は、失敗にも、成功にも父親は必ずいる。少なくとも失敗したときは、孤児を作らないようにしたい。それがリーダーの責任ではないだろうか。

The buck stops here.

Harry S. Truman

すべての責任は私にある。

ハリー・S・トルーマン
米国第33代大統領[1884-1972]

シマウマは、必ず群れを作って行動する。そして群れは必ずリーダーの指示に従う。

たとえば、ライオンに襲われると、一致団結して、頭を中心に向けた姿勢で円陣を組み、一斉に後足を蹴り上げる。リーダーの下《もと》、必死に抵抗するシマウマの群れは恐るべき強さを秘めている。

トルーマンは日本に原爆投下を決定した大統領だが、善し悪しは別として、アメリカのようにリーダーに権威と権力と責任を集中させる欧米型リーダーシップは、ナポレオンにまで遡《さかのぼ》る西洋の伝統である。

日本では、伝統的に年齢と序列がリーダーを作ってきた。長幼の序。車座社会。権威の象徴としてお神輿《みこし》に乗る。権力集中型指導者をつくりにくい土壌がある。

このせいか、若者たちがリーダーシップについて真剣に考える機会は、これまであまりなかった。だが、混沌の時代には、そうはいかない。長幼に関わらず、誰もがリーダーシップについて考えるべきだろう。

「こうありたい」という明確なビジョン。強い思い込み。有事に逃げない責任感。そして伝染するほどの強い熱意。この複合体が人々の心に火をつけ、莫大なエネルギーとなって噴き出していく。リーダーは、リスクを負わなければならない場面に遭遇する。失敗することもあるだろう。

だが、失敗しても逃げないリーダー、それを誰もが求めている。前項で言えば「孤児」を決して作らないリーダーだ。特に、先行きの見えない混沌の時代、大変革の時代には、そんな指導者を誰もが望んでいる。ライオンに勝つ群れを率いるシマウマ……そんなリーダーである。

An army of sheep led by a lion would defeat an army of lions led by a sheep.

Arabic proverb

一頭のライオンが率いる羊の群れは、
一匹の羊が率いるライオンの群れを負かす。

アラブの諺

今度は羊とライオンの出番だ。

先日、久しぶりにオーケストラの演奏を聞いた。なかなか巧い指揮者を眺めながら、リーダーシップ能力について考えてみた。指揮者はオーケストラのメンバーよりも一段高い視点から、各個人の力を見きわめ、全体として一段高い成果が出るように皆を引っ張っていく。指揮者次第で1+1は3にも4にも、そしてマイナスにもなる。指揮者は個々の楽器について、必ずしもスペシャリストほどの技術は持ち合わせていない。それでも、優秀な指揮者は、各メンバーの持つ力を能力以上に引き出すことができる。

組織におけるリーダーも指揮者に似ている。リーダーは孤独だ。誰よりも、ストレスが溜まる。人間は完璧ではない。ともすると、悪い面ばかりが目にとまる。そんななかで、良い面を見続け、それをもっと良くなるように伸ばしていく。同時に、悪い面もヤル気を削《そ》がないように改善していく。メンバー全員についてそれができたとき、組織も伸びていく。それがリーダーシップだ。

かつて日本にもライオンと呼ばれた首相がいた。浜口雄幸《おさち》。明確な信念と目標を掲げ日本をひっぱっていた改革の獅子。今日の日本の政治家にそんな熱意があるのだろうか。

私はこの諺を聞くたびに、こう思う。そもそも羊のリーダーは、ライオンの群れを統率することはできない。その前によってたかってライオンたちに喰われてしまうからだ。羊なき後、ライオンたちは内部分裂し、群れはばらばらに崩壊するだけであろう。

Enthusiasm is contagious.

English proverb

熱意は伝染する。

英国の諺

これまで、日本はたくさんの「マネジャー」を生み出してきた。

マネジメント能力は右肩上がりの成長の時代には欠かせない資質として重宝されてきた。平時の管理者、マネジャー。

しかし、先行きの読めない混沌の時代、大変革の時代には、マネジャーでは乗り切れない。

必要なのは、「リーダー」、つまり有事の指揮官である。自ら方向を決めて個人や集団を引っ張っていく。熱意と信念に裏付けられた自信。明確な目標とビジョン。こうした視点から物事を考えることは、政財界のトップにばかり必要な資質ではない。誰にでも必要な姿勢である。なぜなら、誰にとっても先行きの読めない時代を迎えているからである。

ところで、前項で述べた指揮者のような、リーダーシップ能力の根底にあるものが、熱意の正体である。

伝染しうるほどの熱意は、欧米では重要な査定項目の一つとされている。学生が採用面接を受けるときだけではない。会社に入ってからも、管理職に昇進するとき、役員に昇進するとき、転職するとき、独立するときと、人生の節目節目で、この能力の有無が大きく影響してくる。そして、「熱意を持って、いかにリーダーシップ能力を磨いてきたか」について、自分の経験・能力を語れる力、つまり「語るべき自分を持つこと」が、これから大きく変わりゆく日本においては、大切な資質となっていくはずである。一方、成熟期のリーダーの場合は、適宜変革していく力が必要だ。もちろん、ここでも熱意というガソリンなくして車は方向転換することはできない。

Only mediocrities rise to the top in a system that won't tolerate wavemaking.

Lawrence Peter

波風を立てることを許さない枠組みの
なかでは、凡庸のみがトップに就く。

ローレンス・ピーター
カナダの作家［1919-88］

変

革にはエネルギーが要る。できれば、現状維持でいい。変革など問題が発生したときの話。そのとき対処すればいい。問題ない、問題ない。……人は、そう考えがちだ。

変革にはリスクが伴う。上手くコントロールしないと、常に失敗と隣合わせである。綿密な計画と不退転の決意。それがプラスの組織変革を可能にする。

リーダーにとって大切なことは、特に現状に問題がなくても、「本当に今のままでいいのか」と疑問を投げかけてみることにある。例えば、試しに今までと反対のことをやってみるのもいい。それには勇気が要るかもしれない。実際、多くの企業ではそうした波風を立てるリーダーを敬遠する。出る杭は「現状認識に問題あり」と失格のレッテルを貼られ、辞任に追い込まれやすい。

政財界を見回しても、これまで日本の場合、「調整型」と呼ばれる意味不明な人間がリーダーとして舵取りを行なうことが多かった。しかし、今後もこのままでいいのだろうか？

変革なき枠組みは内部崩壊を起こしやすい。知識も経験も大切だが、それが足枷《あしかせ》になってしまっては本末転倒なのだ。変革の時代には、適宜、リセットボタンを押さなければならないときが必ずある。それができない組織は、時代の荒波のなかで確実に淘汰されていくのであろう。

適者生存……日本の社会も企業も個人も、この自然界の法則を忘れてしまったのだろうか。

都合よく忘れたふりをしていると、そのうち本当に淘汰されてしまうかもしれない。

Progress is a nice word. But change is its motivator. And change has its enemies.

Robert Francis Kennedy

前進という言葉は響きの良い言葉だ。
だが、その原動力となるものは変革だ。
一方で、変革は前進を阻む要素も併せ持つ。

ロバート・F・ケネディ
米国民主党の政治家［1925-68］

変

革は、気まぐれで、気難しい頑固者だ。話しかけるタイミングによっては、吉と出るか、凶と出るか予測がつかない。

特に段取りを誤ると、大凶となることが多い。だから、入念な準備が欠かせない。

変革の段取り（プロセス）とはどんなものだろうか？　次の三段階で考えてみると、わかりやすいだろう。

①第一段階では、情報を共有し、利害関係者の不安を取り除く。変革に対して人々が前向きな姿勢（共通の理解）を持てるような環境作りに徹する。

②次の段階では、実際に変革を行なうのだが、利害関係者に、変革を推進する上での役割を与え（責任の明確化）、「新しいもの」（組織、価値観など）を創り出していく。当然、強力なリーダーシップを発揮できる人材が必要である。

③最終段階では、その「新しいもの」を定着させる。当然、利害関係者に対して、報酬面など新しい制度下における具体的なメリットを与えていく必要がある。

これは、なにも組織変革のことだけを言っている訳ではない。こういう手法は普遍性があり、例えば転職を考えている人と家族の関係に応用してみることもできるし、極端な話、結婚生活にも応用できそうだ。

「物をなくせば小さく失う。信用をなくせば大きく失う。勇気をなくせばすべてを失う」とは、彼の兄ジョン（J・F・K）が好んで引用した諺だが、自己変革にせよ、組織変革にせよ、すべてをなくす前に、変革プロジェクトに取り組んでみてはいかがだろうか。

The finest steel has to go through the hottest fire.

Richard Milhous Nixon

最高品質の鉄は
最高温の火にくべて作るものだ。

リチャード・M・ニクソン
米国第37代大統領[1913-94]

クリントン前米国大統領はスピーチの名人だった。あまたあるスピーチのなかでも最も巧かったのが、例のモニカ・ルインスキー・スキャンダルのときの弁明スピーチ（Indeed, I did have a relationship with Ms. Lewinsky that was not appropriate…「私は確かにある種の不適切な関係を持ちました」）である。

日本ならば宇野元総理のときのように、すぐに辞職して一件落着となったことだろう。しかし、アメリカの面白いところは、大統領にあのような弁明機会を与えるところにある。そもそも大統領選からして、徹底的にディベートを国民の前でやらせて、言葉の力を最大限引き出せる人間が、最も信頼に足る者として選ばれるお国柄だ。

あの事件では、自分の非を認めながら、肝心な部分については巧みにレトリックを使って事実上、国民に自分の進退の決定を委ねた。

①法を犯すような行為は一切なかった。②人間誰でも過ちは犯す。個人的にふさわしくない行為があったのは事実だ。大変申し訳ない。だが、大統領にも認められるべきプライバシーだけは、どうか尊重して欲しい。③家族に対する個人的な責任は私がとる。逃げない。だからアメリカは私の個人的な罪に関して、これ以上時間を使うべきではない。アメリカが国として本来考えるべき数々の重要な問題から注意をそらすべきではない。

結局、クリントンはこのスピーチで奇跡的に火の海のなかを生き延び、任期を全《まっと》うした。火の海のなかを生き延びたクリントンは、ある意味で、「鉄人」といえるかもしれない。

Those who don't know how to weep with their whole heart, don't know how to laugh either.

Golda Meir

心の底から涙を流すことを知らない者は、
本当に笑うことも知らない。

ゴルダ・メイア
イスラエルの女性政治家［1898-1978］

ウクライナのキエフで生まれたゴルダは8歳のときにアメリカに移住した。その後22歳でパレスチナに再度移住し、約50年後の71歳のときにイスラエルの首相になった。

彼女の苗字メイアはヘブライ語で「明るく燃える」という意味だが、ユダヤ人らしく機知に富んだ名言を数多く残した。

ユダヤ人は、どうして迫害の歴史のなかでも笑いを忘れなかったのだろう?

それは、きっと不条理を笑い飛ばすことが、自らを鼓舞する最良の方法であることを知っていたからだろう。悲劇と喜劇は表裏一体。引用した言葉は、本当の悲しみも喜びも両方知っているユダヤ人だからこそ、口にできた名言であろう。

ところで、ユダヤのジョークは、欧米のジョークの元ネタになっていることが多い。

例えば、クリントン政権のとき、以下のジョークをよく耳にしたが、原典はユダヤのジョークである。

あるとき、クリントンとヒラリーはガソリンスタンドに寄った。偶然にも、スタンドの店員は、彼女の高校時代のボーイフレンドだった。スタンドを後にするや否や、クリントンはおもむろにつぶやいた。「良かったね、僕と結婚して。もし君があの男と結婚していたら、君はスタンドの店員の女房になっていたんだよ」「何を言ってるの。もしあの男と私が結婚していたら、今ごろ彼が大統領になっていたはずよ」

逆境さえもはね返す笑い。本当の悲しみを知る者にしか味わえない甘い果実である。

Who controls the past controls the future. Who controls the present controls the past.

George Orwell

過去を支配する者が未来を支配する。
現在を支配する者が過去を支配する。

ジョージ・オーウェル
英国の小説家 [1903-50]

比較的最近亡くなった元ハーバード大学医学部教授のリースマンは、すでに50年以上も前に「社会が人間の性格を作る」という仮説を立て、人間の性格を次のように分類した。

・伝統指向型。発展途上国では身分が固定しており、人間は伝統（行動規範）に縛られる（例えば、現在の北朝鮮）。

・内部指向型。成長期の国では、個人は親や教師から学んだ価値観を基に、自らの価値観を持つ。そしてそれに基づいて成功のための自助努力を続ける（かつての日本）。

・他人指向型。成熟期の国では、自分の価値観よりも同時代に生きる人の価値観を自分の価値観として受け入れがちになる（現在の日本）。

こう考えてみると、時折耳にする「日本型vsアメリカ型」云々の話は的外《まと》れといえるかもしれない。なぜなら、現在の日本の病理はまぎれもなく数十年前にアメリカに出現した多くの社会問題と酷似しているからである。もはや「農耕民族vs狩猟民族」といった軸で考えても仕方がないのかもしれない。

「皆と同じが安心だ」という感覚（他人指向）こそ確実に日本人を頽廃に追い込んでいく元凶である。

「世界第二の経済大国」という ブランドを守るためには、「内部指向型」に戻れるような教育システムの整備が欠かせない。ゆとり教育に対する批判は多いが、本質的な問題は、この視点の欠如といえるのではないだろうか。

Whenever people agree with me, I always feel I must be wrong.

Oscar Wilde

人が私に同意するときはいつでも、
自分が間違っているような気がしてならない。

オスカー・ワイルド
アイルランド生まれの英国の劇作家、小説家 [1854-1900]

欧米では、民主主義の精神を反映する傾向の一つとして少数意見の尊重が挙げられる。このせいか、「全会一致」は必ずしも肯定的に捉えられてはいない。例えば、「墓場の静けさのような全会一致の不気味さ」(the unanimity of the graveyard)という表現には、その精神が色濃く反映されている。

一方、「出る杭は打たれる民主主義国家」日本では、全会一致こそ民主主義であると考える人が多いようだ。日本の社会主義的、全体主義的な側面を示す現象である。

ワイルドは、幼いときから少数派だった。母親に女装させられて育ったことによる幼少期の心の傷は晩年まで尾を引き、大人になっても服装倒錯癖は直らなかった。同性愛にも走り、最後は男色を理由に投獄されて作家生命を絶たれてしまう。彼は「この世には二つの悲劇しかない。一つは欲しいものが得られない悲劇、もう一つはそれを手に入れた悲劇である」と言い残している。そんな彼が人に同意されることへの猜疑心を語ったのが引用の言葉だ。人はいつも賛成されていると、いつのまにか裸の王様になってしまう。地位や名声が上がっていくと、誰も耳障りなことを言わなくなる。気がつくと周りは「見ざる、聞かざる、言わざる」のサルばかり。そんな状況に人は簡単に陥る。気づいたときはすでに時遅し。自分の知らないところで深刻化していた問題を前に、もはやなす術《すべ》がない。これが、古今東西を問わず典型的な破滅のパターンである。自分を戒めるためには、反論こそ貴重な意見だと考え、耳を傾ける姿勢が必要だ。健全なる猜疑心は、常に我々を正しい方向に導いてくれるものである。

One fifth of the people are always against everything all the time.

Robert Francis Kennedy

20パーセントの人びとは
何事に対しても常に反対する。

ロバート・F・ケネディ
米国民主党の政治家［1925-68］

日本語でも「青田買い」を「青田刈り」と混同する人がいるように、英米人の間でも母国語の誤用は起こる。devil's advocate（悪魔の代弁者）という表現もその一つだ。一部の英米人の間では「いつも反対意見を述べる天邪鬼」と誤解されている。確かに、政治にせよ会社にせよ、とにかく何でも反論する天邪鬼的な人はどこにでもいる。このため「悪魔」のイメージと結び付けてしまう人がいるのだろう。本当は「議論を活性化させ、誤った結論を導く綻《ほころ》んだ論理を素早く見つけて反論する人」のことを指す。

「悪魔の代弁者」とは、もともとカトリック教会の「列聖調査審問検事」（聖者候補を審問する者）のことである。欧米の建前として、議論の活性化のためには論理の誤謬を指摘し正すことを善しとする風潮があげられる。このため「憎まれ役」覚悟で、徹底的に「なぜそう言えるの？」「本当にそれが問題か？」などと、問い続ける人が現れる訳だ。

キューバ危機のときに兄ジョン（J・F・K）はこの手法を用いて議論を活性化させた。ジョンは弟のロバートにこの役を演じさせたのだ。その結果、激しい議論が展開し、非常に良いアイディアに収斂《しゅうれん》したようだが、結果的にロバートは周囲から敬遠されてしまった。

やはり本音レベルでは、英米人も反論されることを好まないのだろう。

反論は大切だが、何でもかんでも反論すればいい、という訳ではない。場の空気を読み、ここぞというときに効果的な反論を展開できる力が大切なのである。

I like pigs. Dogs look up to me. Cats look down on me. Pigs treat us as equals.

Winston Churchill

私は豚が好きだ。犬は私を見上げる。
猫は私を見下す。
豚は人を対等に見てくれる。

ウィンストン・チャーチル
英国の政治家、著述家 [1874-1965]

イギリス人の父親とアメリカ人の母親との間で生まれたチャーチルは、恵まれた家庭で育った。

だが、あまり学校の成績はよくなかった。特にラテン語が苦手で、結局、良家の子弟の規定路線であるオックスブリッジには進学できなかった。しかも、士官学校さえも格下の騎兵科にしか進めなかった。彼の通ったハロー校は当時から良家の子弟が集まる名門エリート校だったため、若くして大きな挫折感を味わうことになる。また名門出身でありながら、父親が梅毒患者で後年は廃人同様だったため、世襲財産がなかったのである。

このように、感受性豊かな時期に大きなコンプレックスを抱えていたのだが、彼には文才があった。従軍記者や作家として有名になり、その知名度を使って政治家に転身する。反骨精神をバネに攻めの姿勢を崩さず、戦略的に自分のキャリアを構築していったチャーチルは、英国首相にまで上り詰めた。その後、失脚するのだが、今度は自分の好きな執筆活動に専念し、物書きにとっての最高の勲章であるノーベル文学賞を受賞した。

チャーチルはジョークを効果的に使う才能があった。

このため、本心かどうかはわからないが、とにかく豚が大好きだった。

「いちばん嬉しかったのは、飼っていた豚が村の品評会で一等をとったこと」と言い残した彼は、案外本当に豚が好きだったのかもしれない。豚は「欲望」のメタファーでもある。欲深き人間の性《さが》を、自戒を込めて揶揄していたのだろうか。

第5章

変革・仕事・リスク管理

Change, Career Planning, Risk Management

It is not the strongest of the species that survive, nor the most intelligent but the ones most responsive to change.

Charles Darwin

生き残るのは、最も強い種《しゅ》ではない。最も賢い種でもない。環境の変化に最も敏感に反応する種である。

チャールズ・ダーウィン
英国の博物学者、進化論の提唱者 [1809-82]

日本は今、大きな変革期にある。

偏差値競争、年功序列、終身雇用に基づく「就社」の概念など、これまでの日本の特徴を示す様々な概念や伝統が急速に消滅し、新しい価値観と入れ替わっている。

「よい学校」「よい会社」に入り、定年退職まで勤めて「よい老後」（安定した年金生活）を送る。誰もが疑わなかったサラリーマンの成功方程式、つまり「よい列車」は、必ずしも快適な乗り物ではなくなってしまった。「列車」に乗って敷かれたレールの上を走っても、終点に到着できる保証さえなくなってしまったからである。

これからは、あなた自身が「車」のハンドルを握り、自ら道を選び、前後左右に注意しながら、進んでいく力が必要となる。タイヤがパンクしたら自分で換える。点検も自分でやる。リスク管理を怠れば「車」を廃車にしてしまうかもしれない。

だが、「列車」からは決して見えなかった美しい景色に、衝撃的な感動を覚えるかもしれない。見落としてしまうほど小さな花の美しさを堪能することもできるだろう。

リスクとリターンを天秤にかけて、主体性をもって自分で道を選ぶ。「命《めい》」に注意して選択した道を、自分の個性、才能を活かして進んでいく。それが、これからの時代の「勝ち組」のためのキャリア構築におけるカギとなっていくことだろう。

先行きの見えない時代には、環境適応能力に優れた者が生き残っていくのである。我々も、「進化」しなければならない時期を迎えているのではないだろうか。

Push yourself out of your comfort zone and try new ideas.

John P. Kotter

快適な空間にしがみつく自分を
そこから押し出すのだ。そして新しいことを
始めてみることだ。

ジョン・P・コッター
米国ハーバード・ビジネススクール教授

リーダーシップ論の権威コッター教授は以下のような区別をした上で、「多くの管理職はこの違いを理解していない。またリードという行為を経験していない人間があまりにも多い」と言った。

・リーダー……混沌のなかでの統率能力（ゼロから作りだす力、もしくは既存の枠組みを壊し、大きな変革を遂行する力）。すなわち、有事の指揮官。21世紀型指揮官。

・マネジャー……安定した状況下における管理（計数管理、資源配分など）。すなわち、平時の指揮官。20世紀型指揮官。

21世紀は混沌の時代である。今までのルールでは成功できない。

海図なき世界では、「自ら考え、発信する」人が輝くのだ。

例えば、これから欧米企業による日本買いもますます増えていくだろう。ある日突然、金髪碧眼の女性上司のもとで働かなければならないような状況も、決して非現実的なことではなくなってきている。

そういう環境下で生き残れる人材は**lifelong learner**（生涯学習者）に他ならない。居心地の良い環境から、物理的にも心理的にも、あえて抜け出し、環境変化に柔軟に対応できる力を磨いておく。つまり平時から、有事に備えておく、先読みの目である。これからは「現状維持」は、敗退の代名詞となる。

攻めるなかにも守りの心をもち、守るなかにも攻めの心をもつ。懸待《けんたい》一致。それを肝に銘じておけば、これからは最高に面白い時代になるのではないだろうか。

Be the change you wish to see in other people.

Mahatma Gandhi

他人に変わって欲しければ、
自ら率先して変化の原動力となるべきだ。

マハトマ・ガンジー
インド建国の父 [1869-1948]

資

産と名声を築いた途端、家庭が崩壊していくスポーツ選手や芸能人。不沈艦を信じて疑わず、自分の適性よりも世間体を気にして大手銀行に新卒入社した学業成績優秀者たち。有名私立幼稚園や小学校に子供を入れるために自分たちの生活を犠牲にしてまで「お受験」にのめり込む親たち。何かあるとすぐに日本否定に走る「知識人」と呼ばれる人たち。

そこには一つの共通した真理が見え隠れする。心の平穏、平静、そして自然体。それが欠けているように思えてならない。世間体、嫉妬心、屈折した競争心、金銭欲、物欲、性欲、エトセトラ。どれだけ資産や名声を築いても、心が乱れてしまっていては、成功といえるのだろうか。

逆に、資産や名声がなくても、心が乱れていない人は幸せである。本当の意味での幸せ、「心おのずから閑《かん》なり」（李白）を感じられる人、それが本当の成功者といえるのではないだろうか。

人生にはマニュアルがない。だからこそ、人生と言える。人生とは人の生き様《ざま》、つまりあなたの生き様である。

他人が「良い」と言う人生は、必ずしもあなたにとって最適の人生とは限らない。あなた自身の人生をあなた自身で切り開いていく。道なき道をジープで進んでいく。決して難しいことではない。できることから始めればいいからだ。

人間は、何歳からでも変革できる。いつから始めても遅いということはない。運と命《めい》、併せて運命。運命は、いつでもあなたの掌のなかに握られている。その息吹にそっと耳を傾けてみてはどうだろうか。

When the going gets tough, the tough get going.

Joseph Patrick Kennedy

有事には、タフな奴が抜きん出る。

ジョセフ・P・ケネディ
米国の実業家、外交官［1888-1969］

ス

トレス学説の父祖として知られるハンス・セリエは、オーストリアのウイーンで生まれた。

医者を目指したのは、裕福な貴族だった父親に大きな影響を受けたからだ。彼の父親は、第一次大戦で母国が壊滅的状態に陥った際、全財産を失ってしまう。この経験を踏まえ、「自分と一緒に墓にもっていけるものが本物の財産である。そういう財産を持つのだ」と息子に説いた。無形の「知」が、有形の資産よりも価値がある点を、誰よりも痛感していたのだろう。

セリエの専門だったストレスには、我々日本人も日々晒《さら》されている。特に、現代のストレスは日々複雑化し、無意識のうちに我々の心や身体を蝕んでいる。セリエは「ストレスは生活のスパイス」と言ったが、体からのSOSサインを見逃さずに、主体性を持って対処していく姿勢が大切である。いわば、ストレスは人間が心身ともに健康に生きていくための知恵ともいえよう。

古い日本語では「男時《おどき》、女時《めどき》」と言うが、確かに何をやってもうまくいくときもあれば、何をやっても駄目なときがある。大切なことは、対処の仕方だ。

ストレスには「良いストレス」（夢、希望、感動など）と「悪いストレス」（苦しみ、辛さ、痛みなど）があるが、外部環境が悪化すれば、当然「悪いストレス」は増加する。しかし、同じストレスでも人の受け止め方によって良くも悪くもなるのだ。

こう考えてみると、環境が変化し続ける現代において、ストレスという荒馬を乗りこなす技術こそ「タフな奴」の条件といえそうだ。

No one can make you feel inferior without your consent.

Eleanor Roosevelt

あなたの同意がなければ
誰もあなたを惨めな気持ちにすることは
できはしない。

エレナー・ルーズベルト
米国の著述家、F・D・ルーズベルト米国大統領夫人［1884-1962］

誰だって否定的な感情に苛まれるときがある。ちっぽけな自分に嫌気がさしてくる。劣等感に苛まれる。だが、こんな「悪いストレス」に晒《さら》されることを選んでいるのは誰だろう？

もちろん、自分自身に他ならない。その選択の「責任」も自分にある。責任(responsibility)は、「反応」(response)－「能力」(ability)、つまり、「反応する力」なのである。

ところで、ストレスには休むのがよいといわれるが、大脳生理学的には、人によって休み方の工夫が要るようだ。

一つは、「青筋型」。例えば、夕方に上司からいきなり明日までに仕事を仕上げろと言われても、一気に仕上げてしまうタイプだ。プレッシャーを瞬間的に燃焼させ、エネルギーに変えていく。怒ると「青筋」を立てる。

もう一つは「赤面型」。計画重視、何ごともコツコツと積み上げ、確実に得点していく。ただ、予期せぬハプニングには弱い。「真っ赤」になって怒る。

「青筋型」は、休むよりも遊ぶほうがよい。とにかく外に出て発散するほうが、脳はリラックスできる。「赤面型」は正反対で、静かに身と心を休める自己放電が必要だ。何もせずにボーッと過ごすだけで、疲労した脳は回復していく。

この組み合わせを誤ると、疲れた脳は休めず、逆にストレスをためてしまう。要は、自分のタイプを知り、自分に合った方法を選ぶことだ。自分の目を信じ、自分の頭で判断する主体性を身につけておけば、ストレスにコントロールされることはない。逆にストレスをやる気に変えてしまうだろう。

Retain a healthy skepticism toward the established wisdom.

anonymous

世間一般の常識、良識に対して
健全なる猜疑心を持ち続けよ。

作者不明

日本語では、カルト集団の「教祖」という意味で使われることが多いが、グル (guru) は梵語から英語に入った由緒正しき言葉である。英米では「論客」やその道の「大家」という意味で使われることが多い。

日本で有名な「グル」といえば、ピーター・ドラッカーが挙げられよう。曰く、「日本は一夜にして大変化を遂げた経験が四回もあり、それが大きな強みだ」という。仏教の伝来、鎖国、明治維新、そして第二次大戦後の急速な復興。だが、これらは本当に強みなのだろうか? 「見るために生まれ、物見の役を仰せつけられし者」と自らを形容するドラッカーの意見であろうと、疑問をもつ勇気は大切である。疑問を持つだけで、物事をより深く考えられるからだ。

現在の日本と上述の四つの時代とは、社会背景や人びとの気質など前提が異なる。特に、人々の精神面（気概）は歴史に大きな影響を与えるため無視できない。あの時代の人々を駆り立てたものは、他国に対する劣等コンプレックスと危機感であろう。それをバネに飛躍していったのが、この四つの時代である。

飽食の時代に生まれたファミコン・携帯電話世代のIQ、EQ不足を案ずる声をよく耳にするが、過去との比較が意味をなさない時代を迎えているのではなかろうか。何事も、表面の裏にある本質、真贋《しんがん》を見きわめる眼力が大切であろう。「健全なる猜疑心」を持って自ら判断できる力、それが21世紀型「地球人」の条件に他ならない。

鵜《う》という鳥は、何でも呑み込む。人間は、呑み込む前に「考える」生き物である。念のため。

Opportunity is missed by most people because it is dressed in overalls and looks like work.

Thomas Alva Edison

多くの人はチャンスをつかむことができない。
チャンスは作業着を着ており、
大変そうに見えるからである。

トマス・A・エジソン
米国の発明家［1847-1931］

「日本人」について外国人が連想することの一つに長時間労働がある。
ワーカホリック（仕事中毒）、過労死。最近は以前にも増して「忙しい、忙しい」と嬉しそうに言う人の数が増えているそうだ（多忙幻想症候群）。仕事以外のことには億劫で、ついつい敬遠してしまう人が多い。せっかくのチャンスをみすみす逃していることにも気づかずに。

昔からそうだったのだろうか？　例えば、江戸の町民たちは、決してその言葉を口にすることがなかった。「忙」という漢字は「心を亡くす」と書き、忌み嫌われたのである。

人間誰でも、運の総量は決まっている。一生のうちに何度かは、必ずチャンスが廻ってくる。そのときにチャンスを正確に見きわめる。鋭い爪でつかみグイっと引き寄せる。猛禽《もうきん》類の目と爪である。そういう力を普段から蓄えておけるか……それが成功と失敗を分かつのだ。

実際、自分のことは自分がいちばんよく知っている。実力不足、努力不足の自分。人のせいにする自分。自信のない自分。いくら言葉でごまかしても、自分だけはごまかしきれない。それを見て見ぬふりをし、欲ばかり膨らませても、チャンスの女神は微笑みかけてはくれない。他人や会社を怨もうが、チャンスの女神は素通りしていく。誰も助けてはくれない。結局、転機を引き寄せ、つかみ取るには、自助努力と自己責任を自分のモノにするしかない。

成功の甘い香りを満喫するための第一歩は、案外地味なものである。地味ではあるが、正にそれが「女神」の香水の微かな匂いを嗅ぎ分けるコツに他ならないのだ。

What gets measured gets done.

anonymous

何らかの手法で成果が測れることは、
必ず成し遂げることができる。

作者不明

本当に忙しい人は「忙しい」などと口にしない。

忙しい人ほど、効率性を追求し、優先順位を巧くつけながら、ものごとをこなしていくからだ。そういう成功者は、効率性の追求のために、たいてい数値を用いて効率性を測る習慣がある。

百年以上も前にイタリアの経済学者パレートは「国富の80パーセントは国民の20パーセントが持っている」ことを発見した。「パレートの法則」とか「80対20の法則」として知られる考え方である。

実社会に応用すると、2割のインプット（原因、投入、努力）が、8割のアウトプット（結果、産出、報酬）を生み出すことになる。「2割を制する者が8割を制する」以上、忙しいなかでチャンスをつかみたい人は、この法則をマスターする必要がありそうだ。

優先順位をつける力は、これからの情報化社会ではよりいっそう重要な資質となる。おびただしい数の情報のなかから有用な情報を取捨選択し、明確な基準のもと、優先順位をつけて処理していく。そうした能力の有無が「勝ち組」と「負け組」を分かつのである。

ところで、パレートが発見した国富の不均衡は、現在ではおそらく90対10もしくは95対5といった、より極端な不均衡に変わってきている。こうしたなかで少数の勝者になるためにも、この「最小努力の法則」は我々に有益な指針を与えてくれるはずだ。

おそらく、この本にしても全体の2割に私のメッセージが凝縮されていることだろう。

Fear is like fire: if controlled, it will help you; if uncontrolled, it will rise up and destroy you.

John Milburn

恐怖は炎に似ている。
きちんと管理している限り役立つのだが、
ひとたび手に負えなくなると、
大きく燃え上がり、あなたを破壊しかねない。

ジョン・ミルバーン

「平常心是道」という言葉がある。

平常心というのは禅道の教えの一つで、御仏の前では人間など小さな存在であり、そういう「ありのままの自分」を受け入れてしまえば、特別なことに臨むときでも、気負わない、自然な自分のままでいられる、という考え方である。

禅道の教えはさまざまな武道にも取り入れられており、たとえば剣道では「四戒《しかい》」という教えに反映されている。四戒によると、勝負では「驚・恐・疑・惑」の精神状態に陥ることなく、平常心を保てという。

・「驚」は、予期せぬ相手の攻撃に驚き怯《ひる》むこと。
・「恐」は、相手の雰囲気に呑まれてしまうこと。
・「疑」は、自分の力が足りないのではないか、相手に通用しないのではないかと疑うこと。
・「惑」は、自分の迷いに（攻撃法が定まらない、相手の攻めが読めないなど）惑わされること。

人が恐怖を感じるとき、たいていこのどれかに囚《とら》われている。

「平常心」という言葉は、頭で理解しているだけではまったく役に立たない。

実際に何度も「驚・恐・疑・惑」の炎に包まれ火達磨《だるま》になり、火傷を負わないと体得できない。

だが、一度習得できれば、これほど力強い「炎」もない。生に対する貪欲なエネルギーであなたをたっぷり満たしてくれることだろう。

Don't worry about failure.
Worry about the chances
you miss when you
don't even try.

Gray Matter, United Technologies Corp.

失敗を恐れる必要はない。
恐れる必要があるのは、やりもしないで
逃してしまうチャンスのほうである。

「グレイ・マター」
ユナイテッド・テクノロジー社企業広告

英

語にrefuse to lose（負けるのを拒否する）という表現がある。しぶとさやストレス耐性という意味では、一見すると七転び八起きと似ているが、どうも言葉裏に潜む思考プロセスが異なるような気がする。まず、この違いから探ってみたい。

欧米人はなかなか負けを認めない。謝らない。自分の主張を貫く。最後まで徹底的に戦う。ネバー・ギブ・アップの精神。原則として、潔さは美徳とは考えられていない。

一方、日本語の「引き際」という言葉には「あっさり」という言葉がよく似合う。たとえ余力が残っていても、負けは負け。潔く引く。言い訳はするな。すぐに謝れ。引き際の美学。

このため、日本では伝統的に「失敗したら終わり」と考える傾向が強かった。

日本人と欧米人の間にあるこうした「最後の詰め」に対する意識の違い。そこに失敗に対する姿勢と勝負観が見え隠れする。なぜ狩猟民族は、最後まで徹底的に戦うのか？

喉を狙って戦う動物たちを見すぎたせいではない。そもそも人間自体が「動物」なのである。

闘争本能を持った一匹の動物としての人間。それが欧米人の勝負観に反映されているとしたら、日本人の戦い方、負け方は、むしろ不自然といわざるをえない。もちろん、動物にはない主体性を持った高等な反応として、あっさり引くのならいい。しかし、そうとも思えない引き際も日本人には多いのではないだろうか。ましてや「高等」とは一体何なのだろうか？

Experience is the name everyone gives to his mistakes.

Oscar Wilde

経験とは、誰もが自分の失敗につける
名前のことである。

オスカー・ワイルド
アイルランド生まれの英国の劇作家、小説家 [1854-1900]

失敗の経験は大切である。

なぜなら、人間は失敗を通して「現実を知る」ことができるからだ。現実を知ることこそ経験に他ならない。実際、欧米の会社の面接では、「失敗した経験について述べよ。いかに対処したか。それから何を学んだか。それをいかに自己の成長の糧《かて》としたか」と質問される。

そもそも欧米人の心の中には「人間は完璧ではないから失敗する」というキリスト教的な思想が根本にあるのだろう。屈辱的な失敗を重ね、不愉快な批判を受け入れながら成長していくからこそ、人間なのだ。このため、失敗から学ぶ姿勢は人間の成熟度を判断する上で、重要な判断基準となるわけである。

失敗から学ぶ姿勢の重要性は、個人の成長のみならず、国家にも企業にも当てはまる。敗戦にせよ、バブル処理にせよ、きれいさっぱりと忘れて再スタートする。残念なことに、これまで日本人はそうした失敗に対する姿勢を、美徳とみなすだけで、それ以上追求して考えることをしなかった。そこからじっくり学ぼうという視点が欠落していたのではないだろうか。

昨今、数々の不祥事が表面化した結果、リスク管理について真剣に考え始めた日本企業が増えている。

しかし、欧米企業と比較すると、十分な対策を立てている企業の数は少ない。他社の問題が表面化したとき、それを他山の石として検証し、前車の轍《てつ》を踏まぬよう自社に役立てる。そういうリスク管理に対する積極的な姿勢が、複雑化する社会においては不可欠ではなかろうか。

Courage is resistance to fear, mastery of fear, not absence of fear.

Mark Twain

勇気とは、恐怖に対する抵抗であり、
恐怖を克服することだ。
ただし、恐怖を忘れてしまうことではない。

マーク・トウェイン
米国の作家 [1835-1910]

それでは、失敗に対する企業の取り組み方を参考に、個人が持つべき心構えについて考えてみたい。

①学習する組織……トップと中間層が情報と危機意識を共有化し、常に学び続ける企業文化。リスク管理の第一前提としては、そうした積極的な組織と風土が不可欠である。これはそのまま個人の心構えとしても当てはまるだろう。

②トップの暴走を許さない強い企業統治……日本でも社外取締役制度を導入する企業が増えてきているが、欧米企業は多様性と独立性を前面に押し出して、日本企業の一歩も二歩も先を進んでいる。個人レベルでは、やはり「聞く耳」の大切さに集約されよう。

③過去の歴史を振り返る姿勢……企業は、簡単に慢心症候群に陥ってしまう。これを防ぐには、常に振り返ることだ。誰も不祥事のことなど思い出したくはない。しかし、あえて研修などで過去の失敗事例を定期的に振り返り、検証し続けることは、リスクを確実に減らしていく。個人の場合、嫌なことは忘れずに、適宜、自分の失敗を振り返ってみるべきであろう。

④人事制度の改革……曖昧な責任の所在と減点主義が、組織的隠蔽体質を生む。責任の所在を明確にし、加点主義を導入することが肝要。またトップは直言、諫言《かんげん》の賢人たちを遇する器が必要だ。これはなかなか難しいが、阿諛《あゆ》追従《ついしょう》の部下で周りを固め「見ざる、聞かざる」に陥ってしまうと、古今東西を問わず破滅と隣り合わせとなる。個人の場合、やはり自己責任、「原因自分説」を徹底することに尽きるだろう。

The greatest risk is standing still.

anonymous

何もしないことが最大のリスクだ。

作者不明

前項の四原則を無視した日本企業は、引用のコトバを自戒を込めて毎日暗誦すべきだろう。「事なかれ主義」に蝕まれた体にはどうしても必要な治療薬である。

おそらく、報道される事件は氷山の一角に過ぎず、「何もせずにきた」つけを払わなければならない問題企業予備軍は驚くほど多いはずだ。欧米企業では最高リスク管理責任者を置く企業が増えてきているが、個人の場合も同様に、攻めるなかにも守りの心を持ち、守るなかにも攻めの心を持つ懸《けん》待《たい》一致の姿勢が大切である。

失敗を重ねて、失敗の怖さを心底知る。そして、失敗を怖れなくなった人間。そういう人ほど、逆境で力を発揮できる。粘り強い。諦めない。

先行きが読みにくい不透明な変革の時代には、これまでのサラリーマン型人材ではなく、そういう人材こそ光り輝くのだ。

これからは失敗の経験が重宝される時代を迎えていく。企業にとっても、社会にとってもかけがえのない資産となっていく。だからこそ、とにかく、まずはやってみる。失敗しても、それを再挑戦の意欲として進み続ける。勝ってもミスを怖れて守りに入らない。

現状維持は敗退の異名である。そろそろ我々もこの点に気づいてもよい時期を迎えているのではないだろうか。

最も怖れなければいけないことは、やりもしないで逃してしまう「チャンス」なのである。

第6章

遊び心・笑い・ジョーク

Humor, Laughter, Joke

When a dog bites a man, that is not news, because it happens so often. But if a man bites a dog, that is news.

John B. Bogart

犬が人に噛みついてもニュースにはならない。
日常茶飯事だからだ。
だが、人が犬に噛みつけばニュースになる。

ジョン・B・ボガート
[1848-1921]

少し古くなるが、アザラシの「タマちゃん」はどうなったのだろうか？

冷静に考えれば誰でも滑稽さに気づくはずだが、川にアザラシがいたぐらいであれだけ騒ぐ国民も珍しい。「癒しを求めて」などという説明では合点がいかない。全国ネットで流れるタマちゃんの住民票云々を聞きながら、日本は何と平和な国なのだろうかと考え込んでしまう。

「熱しやすく冷めやすい」……日本人はとかくこのように形容される。たまごっち、プリクラ、ユニクロ、タマちゃん。一気に盛り上がり、しばらくするとスッと興味を失う。この特性は、良きにつけ悪しきにつけ、日本人（日本国）を理解する上では有益なヒントといえるかもしれない。

何故こういう傾向があるのだろうか？

あまたある理由の一つに「個の喪失」が挙げられよう。「皆が良いと言っているから良いに違いない」「皆が面白いと言っているから面白いはずだ」という思考パターンには、「自分はどう思うか」という視点が欠落している。

「太った豚よりも痩せたソクラテスたれ」といったのは英国の哲学者J・S・ミルだが、「他人と同じ心地よさ」という歪んだ価値観を捨てなければ、日本の将来は危い。「人は皆そもそも顔形も考え方も違うのだ。「同じ」ということはきわめて不自然な状況ではないか。自然に逆らうと必ず綻《ほころ》びが生じる。

「他人と違う自分に対して自然と誇りをもてる社会」……もしかしたら、タマちゃんは我々にその重要性を必死で訴えかけていたのかもしれない。

Time flies like an arrow.
Fruit flies like a banana.

Groucho Marx

光陰矢のごとし、ショウジョウバエは
バナナが好き（果物はバナナのように飛ぶ）。

グルーチョ・マルクス
米国のユダヤ系コメディアン［1890-1977］

欧米人は言葉遊びが好きだ。失語社会に生きる日本人と違って、多分、我々より「言葉の力」を信じているのだろう。そして、言葉を使って表現することに体質が合っているのだろう。

言葉遊びでは喩《たと》えがよく使われるが、日本人はやたらと英語の直喩表現を知っているようだ。おそらく、試験に出題しやすい等の馬鹿げた理由から教師が好んで教えるのだろう。しかし、誰も気づいていないのは、その多くが英語圏では使い古された「使えない」表現である点だ。

例えば、引用の表現もその一つだ。現代の日本人が「光陰矢のごとし」という使い古された日本語を滅多に使わないように、英米人もこの諺は使わない。たいてい、英米人は直喩(like ~)の部分を省略して Time flies. で止める。そういった意味では、名訳中の名訳といえよう。

このアメリカの芸人は like のもつ二重の意味(「好き」と「~のように」)に着目して、このジョークを作ったようだ。

ところで、ひと昔前の自動翻訳機では、前半部分を「時間蝿は矢が好き」と訳してしまったそうな。これもジョークのネタになりそうだが、やはり、まだまだコンピュータは人間の脳には及ばない。敵《かな》わない。こんなに凄い力を誰もがもっているのだから、その力を使わない理由はどこにあるのだろうか。

国際化が進む21世紀において、そろそろコトバの軽視、失語社会から我々日本人は足を洗わなければいけない時期を迎えているのではないだろうか。

I shut my eyes
in order to see.

Paul Gauguin

物事の本質を見るために、
私は目を閉じるのです。

ポール・ゴーギャン
フランスの後期印象派の画家 [1848-1903]

このゴーギャンの言葉を音読するたびに、「心眼」という言葉を思い出す。我々には理解しやすい感覚だが、欧米人の考え方としてはとても斬新なものだといえよう。なぜか？

それは「目をつぶる」という行為が好意的に解釈されない文化のなかで育った人の発言だからである。

欧米人が驚く日本人の癖の一つに「会議中などに目を閉じる癖」がある。真剣に話に集中している人をも含めて、かなりの確率で「居眠り」と誤解されてしまう。居眠りと誤解されるだけならまだいいが、間接的に「おまえの話には興味なし、退屈だ」と言っていると誤解されるリスクさえある。それほどeye contact（視線を合わせること）は大切なのだ。

欧米人、日本人に限った話ではないが、異文化コミュニケーションでは「被害妄想的解釈」が生まれやすい。世界の民族問題、人種問題も結局、突き詰めて考えていくと、大抵根っこの部分でぶちあたるのがこの問題である。

だからこそ、欧米人と話すときには、なるべく相手の目を見るように心がけたい。心理的緊張のなかで良好な人間関係が築けるはずもない。それに何事も、相手と打ち解けておいたほうが上手くいくものだ。

ただし、いつもの癖で、集中するためについ目を閉じてしまったときは、ニッコリ笑って引用の言葉で言い訳してみるのも面白いかもしれない。

笑いは何物にも勝る潤滑油である。

An archaeologist is the best husband any woman can have: the older she gets, the more interested he is in her.

Agatha Christie

考古学者はどんな女性にとっても
最高の夫です。妻が歳をとればとるほど、
より一層興味を持ってくれるからです。

アガサ・クリスティー
英国の探偵小説作家 [1890-1976]

日本ではひと昔前まで「クリスマス・ケーキ」という表現があった。

12月24日と25日にはクリスマス・ケーキは売れるが、25日の夜遅くなるとすでに売れ残ったケーキの安売りが始まる。26日にはクリスマス・ケーキ自体がもう売っていない。結婚適齢期（25歳）とクリスマス（25日）を掛けた現代の日本語では珍しい皮肉のこもった言葉遊びである。

そんな戯言《ざれごと》を一撃のもとに破壊してしまう凄まじいパワーを持つ名言が引用のせりふである。

考古学者なら古いものが好きなはずだ。歳を重ねれば重ねるほど、研究対象としては（そして願わくば、愛情対象としても）興味をもって見てくれるだろう。確か再婚同士だったと思うが、アガサ・クリスティーが結婚した相手は考古学者だった。すでに若くはない自分たちの結婚を、コトバの魔術師はおどけてこのように表現してみせた。

結婚適齢期などという因襲はもはや時代にそぐわない。自分の人生であり、自分の結婚である以上、なぜ「世間体」という美名のもと、縁もゆかりもない赤の他人と同じように行動する必要があるのだろうか。

「行き遅れたら恥ずかしい」などという妄想を捨て、各自が結婚したいときにすればいいのではないか。否、そもそも結婚さえ「しなければならない」と考える必要はないはずだ。

結婚したい人が、したいときにすればいい……そんなふうに考えてもいい時期を、我々も迎えているのではないだろうか。

There are three kinds of lies: lies, damned lies, and statistics.

Benjamin Disraeli

嘘には三種類ある。
嘘と大嘘、そして統計である。

ベンジャミン・ディズレーリ
英国初のユダヤ人宰相[1804-81]

「氷山の一角」という隠喩があるが、水面下にある部分はどれほど大きいのだろうか?

理論上は、我々の目に見える氷山の十倍も水面下に埋もれているらしい。

統計数字も氷山に似ている。見る角度によって受ける印象が大きく変わってくるからだ。一般論だが、数字を使って話す人を聞き手は信用しやすい。数字を入れるだけで信憑性が増す。だが、聞き手としては、統計数字の性質をよく理解しておかないと、判断を誤りやすい。

まず、標本の代表性だが、例えば、東京都の住民50人へのアンケートで「イラク戦争賛成」という結果が過半数を占めたとする。これを基に「調査によると、都民の過半数はイラク戦争賛成」といえば、統計を使った虚偽となる。標本(50名)は母集団(都民全員)を正しく反映していないからだ。

また、調査の正確さも問題になる。例えば、何時にどこでアンケートを行なったかによっても調査結果は変わってくる。もし、反戦デモをやっている時間に、その場所の近くでアンケートを行なえば、当然バイアス(偏向)がかかってくる。

内閣支持率、失業率、テレビ視聴率……本当のところは誰もよくわからない。もしかすると、十倍もある水面下の氷山のなかにこそ、あなたが本当に必要な情報は埋もれているかもしれない。

統計のもつ「才能」は、氷山の氷でできた諸刃《もろは》の剣である。巧く使わないと「大嘘」どころか、何に変身するのか予測もつかない力を秘めている。大切なことは、統計の強みと弱みを理解した上で利用することに尽きるだろう。

Only a mediocre person is always at his best.

Somerset Maugham

中途半端な人間だけが、
いつも自分の最高レベルにある。

サマーセット・モーム
英国の小説家[1874-1965]

中

学校で習う英熟語に「最善を尽くす」(do one's best) がある。この熟語は会話ではあまり使われない。この和訳と同じぐらい「使われない、そして使えない」表現である。

日本の伝統芸の世界では古くから「守《しゅ》破《は》離《り》」という教えが守られてきた。最初は「守り」、次に「破り」、最後に「離れ」ていく。この三段階を経て芸の道をきわめていくという基本姿勢をさす。茶道、華道、剣道など「道」のつくものには、大方当てはまる教えだ。

最初の「守」とは、まずは教わったことを忠実に覚え、守ることだ。ときには教えてもらえず、自ら師匠の技を盗まなければならないかもしれない。つまり、下積みの段階である。

次に、それまで学んできた基本型の一部を自分で「破」壊する。教わったことをただ繰り返すだけで終わらせずに、創造力豊かに自分なりの工夫を加えてみる。

そして、最終的に、型にかなっていながら型にとらわれない独自の「形」を確立して巣立って(=離)いく。

「守破離」の醍醐味は、道の追求における飽くなき改善スピリットである。

確かに派手さには欠ける。だが、最善や限界といった絶対値の存在を信じず、ひたすら上昇するべく自助努力を続けていく姿は正に求道的である。高度成長期の日本や日本の製造業は、そうやって更なる自己の限界に挑戦し、現在の地位を確立していった。「最善を尽くす」などという言葉を聞くたびに、胡散《うさん》臭さ、甘さを感じるのは私だけだろうか。

The only place where success comes before work is a dictionary.

Vidal Sassoon

成功が努力の前にくるのは
（アルファベット順の）
辞書のなかだけである。

ヴィダル・サスーン
ヘアメイク・アーティスト[1928-　]

日本では、伝統的に「守」の教育が優れていたが、「破」と「離」という創造のための基本姿勢の重要性については十分認識されてきただろうか？

読者のなかにも、人生における様々な転機を迎え、「守」の段階で歯を食いしばって頑張っている人もいるだろう。ときには上からの理不尽な要求や命令があるかもしれない。しかし、黙ってやり続ける根気が大切だ。「破」の段階を迎えるまでは、石の上にも三年、いや五年は必要かもしれない。忍耐力、粘り強さは何事においても基本である。自分流のやり方を追求するのはそれからだ。そして「破」だが、今まで我慢してきた部分を爆発させる段階である。ここで波に乗れなければ、最終的に「離」れていくことはできない。

「離」を迎える頃には、その仕事を「自分のものにした」と自他共に認める段階にきているだろう。それは甘い誘惑である。以前のようにがむしゃらに取り組む必要はもはやない。しかし、だからこそ、その甘い香りの誘引を自ら断ち切って、文字通り「離れて」いかなければならない。新しいことに挑戦するためにだ。また振り出しから再出発だが、今度は、「守」の部分は五年も要らないはずだ。

そうやって「守破離《しゅはり》」を何度か繰り返していると、いつのまにか人間的にも、キャリア的にも思いがけない成長を遂げた自分と出会えることだろう。

それがきっと「成功」の本質的な意味といえるのではないだろうか。

In a hierarchy every employee tends to rise to his level of incompetence.

Lawrence Peter

タテ型組織において、すべての従業員は
自分の能力よりも一段階上の職位まで
昇進する傾向がある。

ローレンス・ピーター
カナダの作家[1919-88]（「ピーターの法則」より）

一般論だが、海外において日本企業が優秀な人材を集めることは難しい。

今でこそ昔よりは容易に人を集めることができるようになった企業も多いが、それでも優秀な人材は自国企業や多国籍企業に入るケースが多い。そんな背景の下、日本企業に勤める外国人は、たいてい特殊な能力を身につけている。「日本人用」英語と、日本人の言わんとするところを汲み取る「暗号解読能力」である。これは我々には心地よい。相手が理解してくれるし、自分も相手の言うことがわかるからだ。しかし、実際は相手が合わせてくれているだけのことが多い。本来使わない特殊な簡略表現を使っていたり、不自然なほどゆっくり話していることもある。本人はビジネス英語と異文化管理をマスターしたと思い込んでいても、実際は特殊な外国人と働いていただけということも決してありえない話ではない。

よく問題になるのが、長年日本企業に勤める「日本通」を誤って幹部登用してしまう点だ。能力相応よりも二、三階級も上まで昇進させてしまうこともある。当然、無能な宦官《かんがん》が幅を利かせると優秀な人材は居つかない。「ビジネス上の優秀さ」と「日本人対応の巧みさ」は同義語ではない。新入社員が異文化の壁を前に苦しんでいるときに、身の危険を察知した宦官が邪魔して彼らのヤル気を削いでしまう。自分の無能さが露呈してはまずいからだ。こうして、せっかく採用した優秀な若手は去っていく。

これは海外での話だが、もしかすると国内における日本人管理職と日本人中途入社社員の関係にも、この話は当てはまるケースがあるのではないだろうか。

My way of joking is to tell the truth; it's the funniest joke in the world.

George Bernard Shaw

私にとってのジョークとは真実を語ることだ。
それは世界で最も面白いジョークといえよう。

G・バーナード・ショー
アイルランド生まれの英国の劇作家、批評家[1856-1950]

一般的に、日本人は宗教に対して苦手意識がある。

古くから八百萬《やおよろず》の神といわれるほど神様の充ちた国だが、実際は「私は無宗教です」と公然と言う人が著しく多い国である。日本人は気づいていないが、こんなことを人々が何の憚りもなく口にする国は、世界では数少ない。実際、北アイルランド問題など国際紛争と名のつく「悲劇」には宗教が密接に関係しているものが多い。一方で、宗教の持つ排他性は、ときに滑稽でもある。日本では次のジョークを瞬時に理解できる人は何パーセントぐらいいるだろうか？

カトリック司祭「あんなにおいしい豚肉をどうして口にしないのだ？」

ラビ「じゃあ、お前さんの結婚式に呼んでくれ。豚肉を出してくれたら、そこでたらふく食べよう」

このジョークのオチは、主要宗教のごく基本的な知識があれば理解できる。カトリック司祭は原則として独身を通さなければならない。ユダヤ教の指導者を「ラビ」というが、ユダヤ教徒は豚肉を食べてはいけない。二人とも宗教上禁じられていることを互いに変化球を使ってけなし合っているので、ジョークになっているのだ。

真実は往々にして滑稽である。ユダヤ人等の迫害の歴史を持つ人々は、真実のもつ滑稽さを巧く引き出すことに長《た》けている。きっと歴史に翻弄され、多民族に迫害、蹂躙《じゅうりん》されてきた彼らは、実社会（真実）の不条理を心底理解しているからだろう。

In the land of the blind,
the one-eyed man is king.

Niccolò Machiavelli

盲人の国では片目の男が王様だ。

ニッコロ・マキアヴェリ
イタリアの政治思想家、歴史家 [1469-1527]

以前ロンドンで働いていたときにユダヤ人の同僚からこの言葉を聞いた。マキアヴェリのオリジナルではないだろう。東洋かアラブの古い諺かもしれない。やや辛辣な点が気になるが、「差別化できるところに自ら身を置き勝負せよ」という戦略的思考法をこれほど明快に説く言葉は他に聞いたことがない。

「自分」という商品の強みと弱みを誰よりも知りぬいた最高のセールスパーソンは自分自身に他ならない。だからこそ、自分の持つ力に集中せずに、他人の強みに合わせようとすることは、運や命《めい》の大きな無駄遣いと言えよう。こんなにもったいないことはない。

　自分を最適な市場《マーケット》に置き、他者との差別化を図ること。つまり、勝てるところに身を置いて勝つべくして勝つ……これができるのは、自分しかいないのだ。

　20世紀の日本では、個人よりも集団が優先されてきた。良い学校、良い会社、良い老後。誰もがこの一つの価値観にとらわれてきた。そこからの逸脱を許さない世間の目、人様の目、そんな後ろ向きの価値観に支配されてきた。

　もちろん、世間体もそれはそれで大切である。しかし、先行きの見えにくい新しい時代には、まずは自分をじっくり見てみる姿勢が大切ではないだろうか。

　皆が静かに両目をつぶっているときに、片目だけでもこじあけて、自分の強みと弱みを比べてみる。強みを活かせる場所を探してみる……集団を見てみるのは、その後でも十分間に合うのではないだろうか。

A pessimist is a man who looks both ways before crossing a one-way street.

Lawrence Peter

悲観論者とは一方通行の道を横切る前に
左右を確認する者をいう。

ローレンス・ピーター
カナダの作家［1919-88］（「ピーターの法則」より）

世の中には自分よりも優秀な人がたくさんいる。優秀な人ばかり集まったところに身を置き、頭一つ抜きんでることは大変なエネルギーを要する。そんな環境下では、自分の強みや長所を全面に押し出すチャンスに恵まれるとは限らない。本人の自覚の有無に関わらず、実際はついていくのが精一杯という可能性も十分ありうるだろう。そういうとき、人は自分の欠点にばかり目がいくようになる。悲観的になる。自分の強みの存在などいとも簡単に忘れてしまう。

日本ではよく「良い会社」という表現が使われる。だが、これはどういう意味なのだろう？

それは世間一般のものさしで測った「良い会社」であり、自分の強みを最大限に活かせる「良い会社」とは限らない。仮に世間の常識に基づく会社選びをした社員が8割で、残りの2割が自分の強みを十分理解した上でその会社を選んできたとする。その場合、すでに入社時点でほとんど勝負はついているのだ。2割の彼らにも欠点がある。しかし、8割の人が見えないものを、たとえ片目だけでも開けて見ることができれば、勝負はついたも同然である。

そもそも人間には誰にだって欠点がある。完璧な人間などいないのだ。人に迷惑さえかけなければ、ときには一方通行の道を左右をまったく確認せずに横切ってみてもいいはずだ。否、そういう姿勢が必要なときも人生にはあるのではないだろうか。いつも左右を確認している人は、きっと自分にそんな勇気と能力があったことさえ忘れてしまっているのではないだろうか。

第７章

生涯学習・教育・子育て

Lifelong Learning, Education, Children

The more I learn, the more I realize I don't know. The more I realize I don't know, the more I want to learn.

Albert Einstein

学べば学ぶほど、自分がどれだけ
無知であるかを思い知らされる。
自分の無知に気づけば気づくほど、
より一層学びたくなる。

アルバート・アインシュタイン
ユダヤ系ドイツ人物理学者［1879-1955］

人

間は一生勉強である。

自分の興味を追求していくと、そこには終点がない。学べば学ぶほど、疑問がふつふつと湧いてきて、もっと学びたくなる。本来、人間には誰にでもそういう知的好奇心が備わっている。

もちろん、机に向かって本と格闘するだけが勉強ではない。たとえば、国内外を問わず一人旅に出て、行ったこともない街を訪れる。そこで新しい刺激を受ける。それだけでも立派な勉強になる。旅の途中で人と知り合うかもしれない。伝統芸能の素晴らしさを再確認できるかもしれない。思いがけない人の親切にふれられるかもしれない。

「勉強」は、言い換えれば「人間学」ともいえるだろう。人の話を聞き、知の刺激を受ける。それをきっかけに、自分なりの考え、解釈を付け加えて自分のモノにする。それが「知」である。

「知」のよい点は、最初に人から聞いて理解できれば、少なくともその問題についてはゼロから、もしくはずっと後方から一気に自分を前方に押し上げることができる点にある。飛行機の急上昇、マラソンの10人抜きといったイメージを彷彿とさせる。これは、たまらなく心地よい感覚である。

もちろん、大きな飛躍というのは錯覚にすぎない。大方、それはごく小さな前進である。

しかし、聞いた話に自分の考えを肉付けし、主体性をもって自分なりの視点を持つと、あなたの人生は確実に豊かになっていくことだろう。

Live as if you were to die tomorrow. Learn as if you were to live forever.

Mahatma Gandhi

明日死ぬと思って生きよ。
不老不死だと思って学べ。

マハトマ・ガンジー
インド建国の父[1869-1948]

敬

虔なユダヤ人は、子供が5歳になると、トーラー（聖典）の上に一滴のハチミツをたらしてなめさせるそうだ。「知は甘い」「勉強は楽しい」ということを体で覚えさせるのだろう。そして、質問と復習の重要性を子供に徹底的にたたきこむそうだ。

勉強は受け身だけでは駄目だ。人間には本来、好奇心やこだわりがある。人から聞く話は「きっかけ」にすぎない。そこから自分でどこまで主体性をもって掘り下げられるか。そこが分かれ道だ。

最近、日本でも「生涯学習」という言葉をよく耳にする。どうも専門学校や塾の謳い文句になってしまったようだが、もちろんその類の学校に通って何か資格を取ることが生涯学習の意味ではない。

本来、学習とは、各個人が「知」と対峙《たいじ》し、その力に打ちのめされながらも、学び続けることではないだろうか。

そのためには、ときには思いきって居心地のよい環境から物理的、心理的にあえて抜け出し、新しい視点に対しても柔軟に対応できる能力を磨いていく必要がある。環境変化に敏感に反応し、適応していく。そういう力を常日ごろから養っておく。

そういう姿勢があれば、これからの時代は最高に面白い時代になるはずである。

知は甘い。そして、そのことに気づけば、人生も甘くなる。

The greatest thing in the world is to know how to be self-sufficient.

Michel de Montaigne

世界で最も素晴らしいことは、
自立の方法を知ることである。

モンテーニュ
フランスの随筆家、モラリスト[1533-92]

日本では、人はいつの時点で大人になるのだろうか？

一般論だが、日本の子供たちは、大人になりにくい社会的、文化的背景を背負っている。

確かに、制度上は成人式が定められている。しかし、新聞報道等から判断する限り、子供のまま惰性で成人式を迎える人が少なくないようだ。しかも、その後も自立しない「ヤドカリ人間」（パラサイト・シングル［和製英語］）の数も、増加の一途をたどっているらしい。

なぜだろう？　次の三つの軸が参考になりそうだ。

①「受信型教育」（独立心と競争心を犠牲にして、協調性と平等という価値観を植えつける教育）②「親子の対話の欠如」（透明化する家族を経験した結果、家庭を持つ意義が理解できない）③「失語社会」（沈黙の伝統と発信能力の欠如）

ただし、日本にも、大人になるセレモニーがある。結婚式だ。商業主義に乗せられた側面はあるものの、大勢の面前で「大人」になったことを「発信」し、周囲に認めてもらう、日本では数少ない場である。いわば、「パラサイト・シングル」たちの通過儀礼ともいえよう。

だが、最近は、晩婚・非婚化がさらに進み、ヤドカリ生活をひたすら続けるパラサイト・シングルたちが増えているそうだ。ヤドカリたちは親が死んだらどうなるのだろうか？　自分で新しい貝を見つけ、自立できるのだろうか？　裸のヤドカリが増えると、一体日本はどんな国になるのだろうか？

本来、人間のもつ自立の喜びは、ヤドカリにも理解できそうなのだが。

Your children are not your children. They are the sons and daughters of Life's longing for itself. They come through you but not from you. And though they are with you, yet they belong not to you.

Kahlil Gibran

あなたの子供は、あなたの子供ではない。彼らは、すべての生の源である大地の息吹《いぶき》であり鼓動である。彼らはあなたから生まれてくるが、あなたから生じたものではない。彼らはあなたと共にいるが、あなたが所有することはできない。

カリール・ジブラーン
レバノンの小説家、詩人、画家［1883-1931］

生まれたばかりの赤ん坊には、生命のエネルギーがみなぎっている。あのまぶしいばかりの光の源は一体何なのだろう？　レバノンの詩人は、太古から繰り返されてきた生命体の再生メカニズム、つまり生の力強さを Life's longing for itself と哲学的に表現している。

この視点から考えると、人類の未来を確かなものにする神聖な行為こそ「子育て」である点が明らかになるが、「教育宗教」と呼ばれるユダヤ教では、正にこの原理の重要性が共有されている。たとえば、子供が13歳で成人するまで、父親には教育に関する宗教上の責任が課される。安息日には学校で習ったことについて細かく質問し、理解度をチェックする。そして、不十分な点があれば補充する。こうして、親子の絆も自然と深まっていく（ただし、ジブラーンはユダヤ教徒ではない）。

ジブラーンは家庭的には恵まれなかった。父親は家庭生活に向かないろくでなしで、母親が家計を支えていた。その後、母親や兄弟と共にアメリカに移住した。正式な教育は受けなかったが、彼の文才と絵の才能はアメリカで花開き、その後全世界に認められた。

「自分のため」だけではなく、人のため、社会のため、いや「未来のため」と考えることのできる人間を育てる。子育ての究極的な目的はそこにある点をジブラーンは独特の嗅覚でつかみとっていたのだろう。

もちろん、現在の受験熱が簡単に霧散するとは思えない。だが、一人でも多くの日本人がこの視点に気づけば、小さなうねりは、いずれ大きな変革の波に姿を変えていくことだろう。

Though pride is not a virtue, it is the parent of many virtues.

John Churton Collins

誇り自体は美徳ではない。
しかし、多くの美徳の源泉といえよう。

ジョン・チャートン・コリンズ
英国の文芸批評家 [1848-1908]

ユダヤ教では13歳になると「バーミツバ」という一種の成人式を行なう。ユダヤ経典のなかの教えに自分なりの解釈を加えて人々の前で発表し、一人前の大人になったことを宣言する。日本の武家社会においても「元服」の儀式があり、近年の成人式にその精神は一部引き継がれているが、先述のように成人式は形骸化し、一部では馬鹿騒ぎをする「お子様たち」をそのまま成人させてしまう無意味な儀式になってしまった。この違いは何を意味しているのだろうか?

それは狩猟民族たちの「精神的な自立」を尊しとする姿勢である。

農業は天候に左右される。このため、農耕民族は目的に向かって細かな準備を徹底することが不得手である。綿密な計画を立てても、天候が悪化すればどうにもならないことを経験則で学んでしまっているからだ。だから最後の詰めの部分では「運命」にまかせてしまいがちだ。

一方、狩猟民族にとって目標量を確保し損なうということは、一族の死を意味した。だから、綿密な計画を立て、必要な量を確実に獲得する。自己責任と自助努力を肝に銘じ、徹底的に詰めていく。仕事も人生計画も同じだ。攻めの姿勢を崩さない。最後まで諦めない。それが彼らのプライドである。

これまで「会社」という母親が社会の中心にいた日本では「精神的な自立」について考える機会が少なかった。しかし、「母性原理社会」から「父性原理社会」に変わりつつある日本では、「誇り」こそいくつになっても意識しておくべき重要キーワードの一つといえるのではないだろうか。

If you bungle raising your children I don't think whatever else you do well matters very much.

Jacqueline Onassis

子育てに失敗したら、
他でどんなに成功したとしても意味がない。

ジャクリーン・オナシス
元ジョン・F・ケネディ米国大統領夫人 [1929-94]

「父性原理」の働く欧米に対し、日本はどうだろう？

高度成長期の多くの家庭では、会社人間の父親は家にはめったにおらず、子供と会話を交わす機会もなかった。いるのは母親だけ。社会人になると、今度は会社が「母」となる。定年まで面倒を見てくれる。そういう意味で、これまでの日本は「母性原理の働く社会」であったといえるかもしれない。

しかし、変わりつつある日本では、もはや、会社は個人の面倒を見てくれない。父性主導の人間教育、つまり精神的な自立を促す教育を受けなければ、とても暮らしにくい国になるであろう。だからこそ、我々はいま一度、子育ての意味について真剣に考えてみる必要がある。

子育ては、仕事と違ってすぐに成果がでるわけではない。

気の遠くなるようなマラソンレースである。一般的に日本の男性たちは子育てを奥さんにまかせて、子供がすくすく育っても特にねぎらうこともなく、どちらかというと「当たり前」のように思う人が多い点が指摘されてきた。

しかし、決して「当たり前ではない」ということを再認識すべきではないか。特にこれから急速に伝統的な日本の価値観が希薄になっていくなかで、唯一日本人の美徳を子供たちに伝えていくことができるのは親に他ならない。

成功の定義は人によって異なるが、「人に迷惑をかけない心の優しい子」を育てた親は、それだけで社会の成功者と言えるのではないだろうか。そんな時代を我々も迎えつつある。

Parentage is a very important profession, but no test of fitness for it is ever imposed in the interest of the children.

George Bernard Shaw

子育ては大切な職業である。
しかし、親には適性テストが
課されることはない。

G・バーナード・ショー
アイルランド生まれの英国の劇作家、批評家[1856-1950]

日本では最近、若い親による幼児虐待や青少年の犯罪が増加している。識者のなかには、「日本社会がアメリカ化してきたからだ」という人もいるが、毎日のように報道される事件をヨーロッパから眺めていると、子育てに一因があるような気がする。識者の言う「アメリカ化」とは「愛情飢餓状態に陥った子供たちが増えていること」に他ならないのではなかろうか。

日本人は戦後、子育てについても、欧米のやり方を真似してきた。ところが、その背後にある重要な点を見落としてきたため、結果的に「仏作って魂入れず」の状況に陥っているのではないだろうか。

子育てにおける日本人と欧米人の最大の違いは何だろう?

それは「ふれあい」の頻度にある。体と体のふれあい。言葉を通した心と心のふれあい。

そして、この習慣は、日本においては根づきにくい。実際、欧米化した生活様式が定着して何十年もたつが、スキンシップの習慣はまったく根づいていない。しかも、日本は古来から続く失語社会である。言葉は重要視されない。

「仏」つまり形式の部分だけ模倣しても、「魂」をないがしろにしてしまっては、歪みが生じても仕方がない。子育てにせよ、何にせよ、背景の違いや問題点を理解した上で、自国に欠けている部分を他国の秀でた部分で補完する。そういう姿勢が、これからの日本人には欠かせない。そして、何より子育てについては、「我以外皆師なり」という謙虚さが大切だ。誰でも最初は「無免許ドライバー」なのだから。

Ask me my three main priorities for Government, and I tell you: education, education and education.

Tony Blair

私に三つの最優先政策を
挙げよと言うなら、一に教育、二に教育、
そして三、四がなくて五に教育だ。

トニー・ブレア
英国首相[1953-]

タ

イタニック号が沈んだとき、限られた数の救命ボートに英国紳士たちは優先して女性と子供たちを乗せた。次世代に国の未来を託すためだ。

教育について考えるとき、私はいつもこの逸話を思い出す。

日本の教育問題を考える前に、事実をきちんと整理しておきたい。

英米をはじめとする先進国には、たいてい二種類の教育制度が用意されている。一つは平均用、もう一つはリーダー用である。「日本にもある」と言われるかもしれない。しかし、内容が著しく異なるのだ。

まず「平均用」については、日本の水準は比較的高い。ある意味で、これまでの日本の国力は、こうした平均教育の水準の高さによって支えられてきたといっても過言ではなかろう。

残念なことに、最近では日本の伝統的な美徳である「自助努力」が軽んじられ、「ゆとり教育」などとおかしなことを言い出す人が増えている。このため、今後その水準が保証されるとは限らないが、現時点では少なくとも世界平均よりは高いといえよう。

ほとんどすべての国民が、読み書きと九九程度はできるからだ。

「そんな当たり前のこと」が、平均値という観点から考えると、世界では決して当たり前ではなくなる。[次項へ続く]

You cannot teach a man anything; you can only help him to find it within himself.

Galileo Galilei

人にものを教えることはできない。
できることは、相手のなかにすでにある力を
見いだすこと、その手助けである。

ガリレオ・ガリレイ
イタリアの天文学者、物理学者 [1564-1642]

次に、「リーダー用」の教育だが、こちらも大きな開きがある。

ただし、これは日本のほうがはるかに劣るのである。

英米仏など先進国におけるエリート校（中学・高校）は、あえて日本流に表現すれば、文武両道、心技体を基本として、哲学や倫理のみならず世界の政治経済、外国語などを教育する総合的なリーダー育成のための啓発教育機関といえよう。

英国のパブリック・スクールや米国のボーディング・スクール（全寮制の名門校）が、これに相当する。大統領や首相をはじめとする政財界のリーダーたちは、皆そういった学校の卒業生である。

これに対して、日本のいわゆる「受験校」は、詰め込みと受験テクニック中心の「注入教育」を行なっているとして、内外からの批判を受けることが多いようだ。

確かに「政財界のリーダーたちがほぼ例外なくごく少数の学校の卒業生である」という点では英米等と同じである。

しかし、リーダーになるための基本教育を頭の柔らかいときから受けたか否かという差は、最近の日本のトップの不祥事を見ていれば明らかであろう。

一部のエリートたちが国を引っ張っていく仕組みが長年にわたって構築されてきた英米から学ぶべき点はまだまだあるのではなかろうか。

［次項へ続く］

Education is what remains after one has forgotten everything he learned in school. The aim must be the training of independently acting and thinking individuals who see in the service of the community their highest life problem.

Albert Einstein

教育とは、学校で習ったすべてのことを忘れてしまった後に、自分のなかに残るものをいう。そして、その力を社会が直面する諸問題の解決に役立たせるべく、自ら考え行動できる人間をつくること、それが教育の目的といえよう。

アルバート・アインシュタイン
ユダヤ系ドイツ人物理学者［1879-1955］

ユダヤ人には、歴史上の偉業を成し遂げた人が多い。引用文は、その一人であるアインシュタイン博士の言葉であるが、この視点は「リーダー用」「平均用」にかかわらず重要である。だが、実際には「平均用」のほうはおざなりになっている国も少なくない。

例えば、アメリカはこの問題を長年抱え続けている。「平均教育」において地道な努力の大切さを教えなければ、長期的な国の繁栄は保証されない。アメリカン・ドリームといえば聞こえはいいが、一攫千金的な人生観を煽《あお》ってしまっては教育といえるのだろうか。改善しつつあるとはいえ、今後アメリカはこのツケの支払いに苦しみ続けざるを得ないだろう。

このように、確かにアメリカでは「平均教育」の弊害は存在する。だが、全体として国の進むべき方向を決める優秀な舵取りの担当については、確実に再生産されている点は注目に値する。

もしかすると、この点に日本は大いに学ぶべきかもしれない。平等主義などの旧弊にこだわらずに、「受験エリート」ではなく、「世界に通用するリーダー」を育てていく教育機関を作り、一方で「平均教育用」の学校のレベルを維持していく。この二刀流こそ、日本を救う「タイタニック号の救命ボート」といえるのではなかろうか。

ちなみに、ここでいうリーダー教育はけっして真新しいものではない。奈良時代もしかり、幕末もしかり。ごく少数の精鋭たちが、異文化の壁と対峙しながら日本の舵取りとして正念場を乗り切っていったのである。［次項へ続く］

You are the bows from which your children as living arrows are sent forth.

Kahlil Gibran

あなたは弓であり、
子供たちはそこから未来に向かって
放たれる生きた矢である。

カリール・ジブラーン
レバノンの小説家、詩人、画家［1883-1931］

次世代の教育を考えることは、日本の将来、未来を考える上で、われわれ大人の責任といえよう。

ゆとり教育や教師の質の低下を批判しているだけでは有効な打ち手は生まれない。

国や政治家は何もしてくれない、と悲観論に浸るのではなく、自分自身が（＝自助努力）、そして自分の所属する地域社会が（＝互助努力）、日本（つまり自分と他人）のために何ができるのか。日本を認め、自分を認める。「誇り」について自問自答してみる。

否定から入らずに、まずは長所を再認識する。そして、できることから始めてみればいい。

よりよい次世代教育システムの確立は必ず日本を救う。そして、教育とはそもそもアウトプットできて初めて完結する性質のものである。

だとすれば、われわれ大人にはやり残していることが多々あるのではないだろうか？ 我々大人は、この根源的な問いに対して、答えを見いだす義務があるのではないだろうか？

この問いにいち早く答えることができなければ、日本は沈み、弔鐘が鳴り始めるだろう。否、もしかすると、ほんのかすかだが、すでに鳴り始めているのかもしれない。

時間はない。静寂が訪れる前に、教育について何ができるのか、それを大人一人ひとりが真剣に考えなければならない時期を迎えているのではないだろうか。

第8章

老若・自然・墓碑銘

Youth, Age, Nature, Epitaph

Youth is not a time of life;
it is a state of mind.

Samuel Ullman

青春とは人生におけるある期間を
指すのではなく、心の様相をいう。

サミュエル・ウルマン
米国のユダヤ人詩人［1840-1924］

かつてマッカーサー元帥が好んで口ずさんだというこの詩は、欧米ではあまり有名ではない。だが、日本では非常に人気がある。

ウルマンはドイツのヘシンゲンで生まれ、アルザス地方で育ち、後に米国アラバマに移住した吟遊詩人だが、彼の詩を読むたびに思い出すのが、聖路加国際病院の日野原重明氏の柔和な笑顔である。東京都中央区にあるこの病院には、私も子供のころ随分お世話になったのだが、まさか90歳を過ぎた翁が現役で、しかも月三回は徹夜で仕事をしているとは夢にも思わなかった。

物事を斜《はす》に見る人は老害と一蹴してしまうかもしれない。しかし、「クレシェンドの老人がいてもいいでしょう」（歳を取るほど、調子が上がってくる、の意）と言う日野原氏の柔和な笑顔を雑誌等で見ていると、こちらまで何だか元気がでてくるから不思議だ。

老人問題というと悲観論も多い。だが、こういう人がリーダーとして「これからあなたの人生が始まる」「人間の頭と体は使えば使うほど良くなる」と老人たちに発破を掛けている限り、日本はまだまだ安泰なのではないだろうか。

ところで、引用の一文だけでは物足りない。念のため、「おわりに」に全文をご紹介しておく。これを声を出して読んでみると、なぜか元気が出てくる。騙されたと思ってお試しあれ。

You don't stop laughing because you grow old. You grow old because you stop laughing.

anonymous

歳をとるから笑わなくなるのではない。
笑わなくなるから歳をとるのだ。

作者不明

「笑顔」は言葉以上に大切なコミュニケーション手段である。

そもそも、狩猟民族の間では知らぬ者同士が出会うと、攻撃の意志がないことを伝えるために、笑う必要があった（ちなみに、握手も同様）。このため、たとえば道で欧米人と突然ぶつかってしまったら、微笑んで謝ったほうがいいのだ。日本人同士のように、非常に恐縮するのも、無視するのもいただけない。

一般論だが、東洋人の表情は欧米人には分かりづらい。喜怒哀楽の表情が読み取りにくいのだ。しかも、歳をとるとより一層わかりにくくなる。だからこそ、異文化コミュニケーションでは、自然な笑顔がつくれるようにしておくことが、ある意味で語学の練習よりも大切なのである。

笑顔は大切だ。子供の笑顔を見て、なごんだ気持ちにならない人はいないだろう。そう、笑顔には癒しの効果がある。だからこそ、ストレスの多い現代社会では、快適な人間関係を築き維持していくための潤滑油となるのだ。また、笑顔は、プラス思考とも言い換えられよう。プラス思考の人間は自然と笑顔になる。

心の底から笑うには感動が必要だが、そもそも感動には二種類あるのではないだろうか。与えられる感動と、自ら獲得する感動。待ちの姿勢で感動できるのは、幼年時代のごく限られた期間だけである。

常に好奇心を持ち、自ら積極的に新しいことに挑戦すること、そういった積極的な姿勢が、運を引き寄せ、あなたを感動の源泉に引き合わせてくれる。

そして、そこには「年齢制限」という但し書きは一切ないのだ。

Youth... Far too good to waste on children.

George Bernard Shaw

若さ…… 価値のわからないお子様たちに
無駄遣いさせるにはあまりにも惜しい。

G・バーナード・ショー
アイルランド生まれの英国の劇作家、批評家 [1856-1950]

方的な排除の論理は危険だが、正直言って、大多数のフリーターの気持ちがわからない。ひと昔前の日本には、学業優秀で上の学校に進みたくても、家庭の事情等で大学に進めない人たちが少なからずいた。中学や高校をでて、そのまま社会人となった彼らは、縁の下の力持ちとして、日本の高度成長を支えた功労者である。特に家庭の問題もなく、簡単に入れる大学が多い状況で、進学せずにその日暮らしをしている人たちは、胸を張って自分が怠けていないと言い切れるのだろうか。

若さは年齢ではない。心の様相、気の持ちようである。肉体的には若くても、精神的に老いぼれてしまっては、一度きりの人生を謳歌できるのだろうか。「今さえよければ」という刹那的欲求に支配されたその日暮らしの生活では、若さを無駄遣いしているようでもったいない。後で自分の馬鹿さ加減に気づいたときには、時すでに遅し。どっと押し寄せてくる諸問題の前でなす術《すべ》がなく途方にくれる自分を発見するだけだろう。もちろん、彼らの人生である。だが、彼らよりも人生経験が長く、一手、二手先を読める我々大人は、そのまま黙っていていいのだろうか。嫌われようが、疎《うと》ましがられようが、社会の一員として言うべきことを言う、それが大人の責任なのではないだろうか。当然、NOと言うだけが目的ではない。そうした対話の結果、人によって理由は異なるわけだから、納得できる場合もあるだろう。それならそれでいい。大切なことは、無関心を決め込まないことだ。

日本の明るい未来のためにも、「煩《うざった》い大人」を演じる義務を忘れてはならない。

Here lies one who knew how to get around him men who were cleverer than himself.

Andrew Carnegie

自分より賢き者を近づける術《すべ》
知りたる者、ここに眠る。

米国の鉄鋼王アンドリュー・カーネギーの墓碑銘 [1835-1919]

スコットランドからの貧しい移民の子だったカーネギーは子供の頃から学校にも行けず、朝から晩まで働きづめの生活を強いられていた。ある日、身重《みおも》の野ウサギを捕まえたカーネギーは、「何とかこのウサギに子供を産ませて大きくしたい」と、子供心に小さな希望をもった。だが、現実的にウサギの面倒を見ている暇は一切ない。そこで、彼は近所の子供を集め、「この母ウサギがたくさん赤ちゃんを産めるように餌を集めてきてくれ。生まれた子には君たちの名前をつけるから」と約束した。自分の名前を赤ん坊ウサギにつけて欲しい子供たちは競って野草を採ってきた。

こうして幼いカーネギーは、自分の力には限界があるが、人の力を結集することによって目的を達成できることを学んだのである。

人は一人で生まれ、一人で死んでいく。孤独な生き物である。だが、人一人の力など所詮たかが知れている。どれだけ謙虚さをもって人から学べるかによって、人間の成長は変わってくる。自分の持っていない力を持つ人を、どれだけたくさん自分の周りに引き寄せられるか。そこに成功のヒントが隠されている。ラルフ・W・エマソンにせよ(**Every man I meet is in some way my superior.**)、吉川英治にせよ(我以外皆師なり)、みなこの点の重要性を指摘しているが、教育関係の施設等に生涯で3億5千万ドルもの寄付をした男の墓碑銘にある言葉だけに少々重みが違う。

きっとカーネギーは、ウサギのように大きな耳で人の話に耳を傾けた人だったのだろう。

Let us permit nature to have her way; she understands her business better than we do.

Michel de Montaigne

自然に任せるのがいちばん。
我々より彼女（＝自然）の方が
彼女の仕事をよくわかっているのだから。

モンテーニュ
フランスの随筆家、モラリスト[1533-92]

私の住むヨーロッパの小国ベルギーは、かつて一つだけ植民地を持っていた。コンゴ（旧ザイール）である。一九七六年、突然原因不明のウイルスがこの国を襲った。非常に強いウイルスで、人間の体内に入ると骨と皮膚を残して内臓などすべて溶かしてしまう。患者はある日突然、全身から血をふいて死亡する。これが地上最強のウイルスと呼ばれるエボラ・ウイルスだ。

疫病流行の原因は解明されていないが、一説では一部の人間が類人猿（チンパンジー）を食べたことに端を発するという。エイズ・ウイルスも、ミドリザルと性交渉をもった人間が原因といわれているが、こうした現象には何らかのメッセージが隠されていそうだ。

なぜ人間と接点のないアフリカの奥地でひっそりと生きていたウイルスが、突如として人間社会で猛威を振るうのだろうか？　様々な理由があるだろう。だが、本質的な問題は、人口増加と環境破壊に起因する生態系の乱れにあるのではないだろうか。

人類の生活は、二酸化炭素などの温室効果ガスを大量に排出することによって成り立っている。フロンガスなどのオゾン層破壊ガスも大量に排出して、人間の生活をより便利なものにしてきた。さらに、人口増加への対応と天然資源開発の名目で、未開の熱帯雨林をどんどん切り開いてきた。

この結果、微妙なバランスを取っていた生態系が崩れ始め、人間と接点もなく、未開の地でひっそりと生きてきたウイルスのような生物が、人間と衝突する。人口増加と温暖化の影響で、一人感染すると瞬く間に拡がっていく。また、温室効果ガスを吸

［次頁へ続く］

収する森林がなくなるため、地球の温暖化がますます進展する。温度が上がると、ウイルスは猛威を振るいやすくなる。

オゾン層に到達するまで数十年かかるといわれるフロンガスは、すでに生産が中止されて久しいものの、数十年前の使用分が毎年オゾン層に到達して破壊していく。紫外線による皮膚癌の増加や免疫機能の低下という形で人間に復讐を始める。過度の紫外線は海洋の植物プランクトンを死滅させる。すると、温室効果ガスの吸収量は減り、温暖化が進む。海の生態系も崩れ、魚は減る。こうして我々の重要な食料源を徐々に失っていく。

自然界では「競争」と「共生」という一見すると対立する二つの概念が、実は微妙にバランスを取りながら、共存している。このバランスが大切で、ひとたび崩れると、ある種の動物が突然発生したり、突如地球上から絶滅する。おそらく、中国から伝わった陰陽理論も自然を観察して導き出された考え方だったのであろう。

ところで、このような自然界のバランス調整機能について、レミングという北欧に棲むネズミがよく引き合いに出される。このネズミは、個体数が一定以上に増えると海に向かって集団移動を始め、次々と海に飛び込んでいくそうだ。この奇妙な集団自殺行為を、個体数があるレベルに下がるまで続けるらしい。

エイズ、エボラ出血熱、狂牛病、遺伝子組み替え野菜、クローン人間計画、オゾン層の破壊と地球の温暖化など、どこかで地球の歯車が狂い始めているように見える。

きっと我々の「動物」としての本能が警笛を鳴らし続けているのであろう。

海に向かって飛び込む代わりに、二酸化炭素を排出し続けているのだろうか？

草食動物である牛に肉や骨を与えるという自然の摂理に逆らった行為が、狂牛病となって人間に復讐を始めたのだろうか？

クローン羊「ドリー」の早過ぎた死は、我々に何を訴えかけているのだろうか？

謎の新型肺炎ウイルス（ＳＡＲＳ）はどこからやってきたのだろうか？

一つだけはっきり言えることは、変わらない原則を無理やり変えようとすれば、様々な問題が起こるということだ。原点としての自然、という視点を忘れてはならないのだ。

綻《ほころ》び始めたように見える日本社会についても、自然を考えてみるとよく見えてくる。

自分の欲しいものが簡単に手に入るなら競争は起らない。強くなろうとか、縄張りを作るとか、足を引っ張るとか、そういうことは起きない。社会全体に曖昧さがあり、みんなが少しずつ満足できる、「小さな幸せ」を満喫できる社会ならばいい。しかし、固体数が増え、餌が足りなくなると、戦いが起きる。優勝劣敗。適者生存。弱肉強食。

その結果、「遊び」のない秩序社会ができあがってしまうと、いじめ、引きこもり、幼児虐待など不自然な現象が起こるのだろう。

自然は諸刃《もろは》の剣である。人間は、古《いにしえ》より、自然から学んできた。しかし、情報化社会に生きる現代人は、ともすると、自然に戻る視点を忘れがちである。原点である自然、この視点を持ち続けなければ、案外早い時期に、人類は地球上から滅びていくのだろう。

おわりに

不況、失業、自己破産、自殺、凶悪事件の増加、移民問題、晩婚化・非婚化と少子化、高齢化社会、フリーターやパラサイト・シングル、いじめ、ゆとり教育、援助交際……自虐的な言葉で埋め尽くされた日本を遠くから俯瞰していると、数千マイル離れたこのベルギーにいても、どこからともなく聞こえてくる音がある。

日本人の内なる叫び声である。

情報化社会といえば聞こえはいい。だが、先行きの見えない変革の時代を生きる人々の心は、おびただしい量の情報に埋もれて、無意識のうちに疲れきっているのではないだろうか。海獣アザラシに熱狂する国民、日本人。「癒されたい」……そんな精神の叫びに対して、誰もが聞こえないふりをしているように見える。

しかし、物事は見方によっては、そんなに悪くはない。アメリカの詩人、ロバート・フロストが言っているように、Life goes on.（何があっても人生には続きがある）［第1章16頁参照］。

できることなら、「心おのずから閑《かん》なり」（李白『山中問答』）でありたい。自然体。無為自然。自然を観て、世界を観て、日本を観る。そして、自分自身を見直してみる。

すると、あなたのなかで確実に何かが変わり始めるはずだ。まず日本を認め、自分を認めることからすべては始まる。そして、世界のなかでお互いの違いを寛容の気持ちを持って認め合う。それが教養であり、コミュニケーションの本質といえるのではないだろうか。

最後に、私の好きなコトバを二つだけご紹介したい。

これをきちんと百回音読すると、身体の奥底からふつふつとヤル気が湧いてくる。生への貪欲な欲求が生まれてくる。心が清らかになる。騙されたと思ってお試しください。

著者

1) Robert F. Kennedy
"All of us will ultimately be judged and as the years pass we will surely judge ourselves, on the effort we have contributed to building a new world society and the extent to which our ideals and goals have shaped that effort."

「われわれは究極的には、理想と目標をどれだけ具現化し、新しい社会の創造に貢献したかという点について、判断されるであろう。そして、いずれ自分自身でも、そのことについて自問自答するときが来るであろう」
（ロバート・F・ケネディ：　米国民主党の政治家 [1925-68]）

2) YOUTH by Samuel Ullman
Youth is not a time of life; it is a state of mind; it is not a matter of rosy cheeks, red lips and supple knees; it is a matter of the will, a quality of the imagination, a vigor of the emotions; it is the freshness of the deep springs of life.

「青春とは、人生におけるある期間を指すのではなく、心の様相をいう。それは頬や唇の赤い色から連想するものでもなければ、引き締まった肉体が暗示するものでもない。強い意志、たくましい想像力、感動できる心、これらが重なり合ったものをいう。青春とは、ふつふつと湧き出てくる生命の息吹、エネルギーを指すのである」

Youth means a temperamental predominance of courage over timidity of the appetite, for adventure over the love of ease. This often exists in a man of sixty more than a boy of twenty.

「青春とは、臆病な自分に打ち勝ち、易《やす》きに流れずに、選難《せんなん》の精神で進んでいく姿勢をいう。これは、20歳の少年よりも、60歳の大人に備わった力であることが多いのではないか」

Nobody grows old by merely living a number of years. We grow old by deserting our ideals. Years may wrinkle the skin, but to give up enthusiasm wrinkles the soul. Worry, fear, self-distrust bows the heart and turns the spirit back to dust.

「人は、単に年月を重ねただけでは老いることはない。理想を捨てたとき、人は初めて老いていく。歳月は肌に皺を増やしていくかもしれない。だが、熱意を失えば、気持ちまで皺くちゃになっていく。

不安、恐怖、自己不信……そんな気持ちで頭は一杯になり、前向きな気持ちは消えていく」

Whether sixty or sixteen, there is in every human being's heart the lure of wonder, the unfailing child-like appetite of what's next, and the joy of the game of living.

「常に感動を求める心や未知への純真な好奇心、そして人生というゲームを演じる喜びは、60歳であろうと、16歳であろうと、誰にも備わっている人間の性《さが》なのである」

In the center of your heart and my heart there is a wireless station; so long as it receives messages of beauty, hope, cheer, courage and power from men and from the infinite, so long are you young. When the aerials are down, and your spirit is covered with snows of cynicism and the ice of pessimism, then you are grown old, even at twenty, but as long as your aerials are up, to catch the waves of optimism, there is hope you may die young at eighty.

「たとえば、我々の心の中に、ラジオ受信機があるとイメージできるだろうか。それが、美、希望、元気、勇気、力といったメッセージを人びとや神から受信している限り、若さを失うことはない。アンテナを下ろすと、そうしたメッセージを受信できなくなり、皮肉っぽい悲観的な気持ちで心が覆われてしまうと、たとえ20歳であろうと、人は老いていく。だが、アンテナを上げて、楽観的な気持ちを維持することができれば、若さを失うことなく、80歳で天寿を全《まっと》うすることもできるのではないだろうか)
(サミュエル・ウルマン：　ユダヤ人詩人。ドイツのヘシンゲンで生まれ、独仏国境の町アルザスで育つ。1851年、米国アラバマ州に移住[1840-1924])

(注) 日本では、このウルマンのオリジナルをマッカーサー元帥がアレンジした変形版が有名だが、ここではオリジナル版を紹介する。なお、和訳については、日本では古めかしい定訳があるようだが、詩の形式やトーンにこだわることなく、あえて現代的な日本語で意訳してみた。できれば、読者各自が自分の言葉で訳してみることをお薦めしたい。満足いく翻訳とは、本来、プライベートなものである。自分のコトバで、自分のために行なって名言を「堪能する」作業に他ならないのだ。

■参考文献

・*The Oxford Dictionary of 20th Century Quotations* (Oxford University Press)
・*Roget's Thematic Dictionary of Quotations* (Bloomsbury)
・*The Joys of Yiddish* (Leo Rosten, Penguin)
・*Leading Change* (John P. Kotter, Harvard Business School Press)
・*Love Story* (Erich Segal, Bantam Books)
・*The Prophet* (Kahlil Gibran, Random House)
・『素顔のリーダー』（児島襄、文春文庫）
・『ユダヤ人の発想』（M・トケイヤー、徳間文庫）
・『歴史の終わり』（フランシス・フクヤマ、三笠書房）
・『アメリカの心』（United Technologies Corporation、学生社）
・『悪魔の辞典』（A・ビアス、角川書店）
・『今すぐ転機に備える95の方法』（森山進、成美堂出版）

索　引
（50音順）

人生を豊かにする　英語の名言

2003年6月25日　初版発行　　2018年3月23日　11刷発行

著者
森山 進（もりやま・すすむ）

発行者
関戸 雅男

発行所
株式会社　研 究 社

〒102-8152　東京都千代田区富士見2-11-3
電話　営業（03）3288-7777（代）　　編集（03）3288-7711（代）
振替　00150-9-26710
http://www.kenkyusha.co.jp/

KENKYUSHA
〈検印省略〉

印刷所
研究社印刷株式会社

装丁
株式会社イオック（友寄隆之）

本文デザイン＋DTP
株式会社イオック（目崎智子）

ISBN 978-4-327-45164-6　C0082　Printed in Japan